RENUÉVATE

CON CONFIANZA TOTAL

Renuévate

Un tip por día para motivarte

Primera edición en Argentina: agosto de 2019
Primera edición en México: marzo de 2020

www.megustaleer.mx

Diseño e ilustraciones: Candela Insua

ISBN: 978-607-318-944-6

Impreso en México – *Printed in Mexico*

El papel utilizado para la impresión de este libro ha sido fabricado a partir de madera procedente de bosques y plantaciones gestionadas con los más altos estándares ambientales, garantizando una explotación de los recursos sostenible con el medio ambiente y beneficiosa para las personas.

Penguin
Random House
Grupo Editorial

Verónica de Andrés / Florencia Andrés

CON CONFIANZA TOTAL

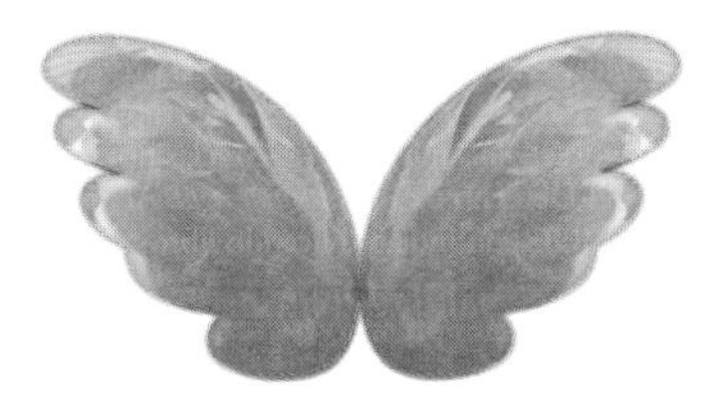

UN TIP POR DÍA PARA MOTIVARTE

VERGARA

ÍNDICE

¿QUIÉNES SOMOS?

Somos Verónica y Florencia Andrés. Hay cosas que quizás sabes de nosotras y otras que no. ¿Sabías que somos madre e hija? Las caras sonrientes que nos ves en la foto no son una pose. Realmente nos encanta lo que hacemos. Muchos nos consideran las referentes del coaching en habla hispana, y tomamos nuestro rol con gran responsabilidad.

A veces nos preguntan si lo nuestro fue un éxito de la noche a la mañana. Y no, no lo fue. Detrás de esto hay más de treinta años de experiencia en muchos lugares del mundo. Hemos trabajado con personas de las culturas más lejanas y diversas, hemos dado clases en más de una docena de universidades.

Y en este camino hemos vivido de todo. Momentos desafiantes. Momentos inolvidables. Muchos de los mejores momentos de nuestra carrera están ligados a nuestros lectores, por quienes sentimos tanto respeto y agradecimiento. Por eso nos encanta estar en contacto con ellos a través de las redes sociales todos los días. Hoy nos siguen más de 400.000 personas en Facebook, Twitter e Instagram, y nuestros videos de YouTube tienen más de cuatro millones de visitas.

En el currículum siempre se describen los hitos académicos y profesionales, pero para nosotras, más importante que los diplomas, son esos momentos de la carrera que nos quedaron grabados en el corazón. Si cerramos los ojos, vemos en esa lista de momentos el día que Sony Music dijo que quería producir nuestra película *Confianza total* y llevar nuestra conferencia motivacional a los grandes teatros, el día que nos llamaron de los diferentes países para decirnos que nuestros libros iban a salir en italiano, alemán, griego, portugués, el día que lanzamos nuestra plataforma de cursos online para toda Latinoamérica. Y, sin dudas, el día que nos dieron el Premio Libro de Oro por nuestro *Confianza total*.

De todos los momentos, este es uno de los más representativos de aquello en lo que creemos: cuando lo publicamos muchos nos dijeron "chicas, dense por satisfechas si venden cinco mil libros". Pero nosotras teníamos un sueño más grande. Queríamos llegar a cientos de miles de personas. Por eso, cuando unos años después nos entregaron el Premio Libro de Oro y nos dijeron que éramos las primeras mujeres en recibirlo en los últimos cuarenta años, se nos cayeron las lágrimas de emoción. La emoción de saber que esto que venimos enseñando hace tantos años funciona.

Para los que se quedaron con las ganas del CV formal: Verónica es MA in Education (Magíster en educación) de la Universidad Oxford Brookes (Oxford, Inglaterra). Florencia es Licenciada en Ciencia Política y Magíster en Coaching de la USAL (Argentina).

Somos coaches, especialistas en autoestima y motivación. Somos autoras: hemos escrito *Confianza total*, *Desafiando imposibles* y *Confianza total para tus hijos*, que han vendido más de 350.000 ejemplares, traducidos a muchos idiomas. Somos conferencistas internacionales, damos cursos intensivos en español e inglés y conferencias motivacionales multitudinarias. También somos coaches de equipos deportivos de alta performance, acompañándolos en su preparación mental para jugar grandes torneos como la Copa de la Reina en Inglaterra y el Abierto de Polo de Palermo en Argentina. Somos convocadas por empresas de primera línea para aumentar la motivación y el rendimiento de sus equipos de trabajo.

Nuestro último desarrollo es una plataforma digital donde ofrecemos capacitación a distancia para personas de todas partes del mundo. Pertenecemos al Transformational Leadership Council, que reúne a los cien especialistas más destacados en el campo de la transformación humana. Todo lo que hacemos —libros, cursos y conferencias— tiene un propósito: llevar el poder de la confianza a cada rincón del mundo y mejorar así la calidad de vida de miles de personas.

SÍGUENOS EN NUESTRAS REDES SOCIALES

¡Nos encanta estar en contacto con nuestros lectores!
Si todavía no eres parte de la comunidad de Confianza Total,
súmate a nuestras redes sociales. ¡Las alimentamos todos los días!

 www.facebook.com/confianzatotal
 @confianza.total
 @confianzatotal

RENUÉVATE

La palabra "renovación" viene del latín *renovatio* y significa "volver algo a su primer estado, dejarlo como nuevo".

Renovarse es "quedar como nuevo". ¡Qué bien suena! Pero ¿cómo se hace?

Empezando por tomarte unos minutos del día para ti, que se transformen en tu momento.

Tu momento para renovar tu energía, tu mente, tu confianza.

Tu momento para renovar tus vínculos, tus emociones y tus proyectos.

Tu momento para ir sanando tu pasado y construyendo tu futuro.

Tu momento de conexión contigo mismo.

Vives ocupándote de otros: tu familia, tu trabajo, tu casa, tus clientes, tu socio, tu jefe, tus parientes...

Es hora de que te ocupes de ti.

Que todos los días tengas un momento para ti.

Y sí, sabemos que estás a mil.

Pero son sólo unos minutos, que te van a cambiar el día.

¿Tan poderosos pueden ser sólo unos minutos por día?, te estarás preguntando. Suena un tanto exagerado...

Sí, lo sabemos. Pero estamos haciendo una afirmación, no un experimento. ¿Qué nos lleva a afirmar esto? Los más de treinta años de investigación que este libro tiene detrás. Para lograr generar esos minutos de alto impacto, nosotras hemos trabajado sin pausa durante años, en los cinco continentes, investigando, dando clases en muchas universidades, y entrenando a personas de todas las culturas y contextos para desarrollar su máximo potencial humano.

A lo largo de estos años de trabajo e investigación, hay una pregunta que nos guía: ¿cuáles son las ideas que pueden generar el mayor impacto en la vida de las personas, en el menor tiempo posible?

Por eso escribimos este libro con una mezcla de ingredientes —coaching, neurociencias, psicología cognitiva— para que en pocos minutos de lectura te cambien la química corporal y la actividad cerebral, y recuperes el equilibrio emocional.

¿Sabías que para cambiar una emoción negativa lo que necesitas es sentir una emoción positiva con mucha más fuerza? Las emociones positivas neutralizan a las negativas. ¿Y para qué queremos sentir emociones positivas? No se trata sólo de sentirte mejor —que ya es un plus— sino que nuestro cerebro fue diseñado de manera tal que funciona mucho mejor cuando estamos con las emociones en tono positivo. Es decir, se nos ocurren mejores ideas, estamos más concentrados y precisos a nivel mental, estudiamos mejor, nos comunicamos con más claridad, funcionamos mejor como equipo... las cosas salen mejor y con menos esfuerzo. Por eso trabajar las emociones positivas a conciencia es una clave para cambiar nuestro día.

La segunda parte de nuestra promesa es que si lees y pones en práctica 1 tip por día, tu vida se va a transformar.

¿Qué seguridad tenemos para hacer semejante afirmación? Los resultados que obtienen quienes han trabajado con nosotras. Los casos reales de personas a las que les hemos enseñado estas herramientas. Los testimonios de las más de 400.000 personas que nos siguen en las redes sociales, los comentarios de los casi cinco millones de espectadores en YouTube, el feedback de los miles que se han entrenado con nuestros cursos presenciales y online. Son cientos de miles de personas que lo dicen: esto funciona. Por eso nuestros libros anteriores se convirtieron en best sellers casi de inmediato: porque cumplimos lo que prometemos.

Y esto es lo que prometemos: que si le dedicas unos minutos por día todos los días, este libro será tu compañero para generar una verdadera renovación en tu vida. Comprobarás pequeños cambios al principio que sólo tú vas a notar: vas a dormir mejor, comer mejor y despertarte más descansado. A medida que avances, lo notarás también en los demás: tus hijos, tu pareja, la gente que trabaja contigo. Te van a ver de mejor humor, más conectado, más seguro, más calmo, más decidido. Y al sostener el hábito, vas a empezar a ver transformaciones sorprendentes. Podríamos escribir un libro entero contándote casos reales de personas que dedicaron un rato por día a usar nuestras herramientas y vieron sus vidas cambiar al 100%: deportistas profesionales alcanzando logros impensados, emprendedores construyendo proyectos prósperos, personas descubriendo sus talentos y viviendo de ellos... Pero no queremos hablarte de otras personas. Porque este libro es para ti, para que la próxima historia de renovación y transformación sea la tuya.

Renovar es reparar algo que se dañó, sacarle brillo a algo que se opacó, dejar algo como nuevo. Renovarnos es inyectarnos todos los días un poco de energía limpia, nueva y buena. Renovarnos es despejar la mente de lo que no nos sirve y guiarla hacia lo que queremos. Renovarnos es sanar el pasado y diseñar a conciencia el futuro. Renovarnos es dejar de lado patrones tóxicos. Renovarnos es recuperar esa fuerza interior con la que nacimos todos. Esa fuerza interior que nos permitió hacer los mayores descubrimientos en nuestros primeros dos años de vida. Esa fuerza interior que nos fue dada para enfrentar las grandes batallas de la vida. Esa fuerza interior que nos puede llevar a vivir al máximo nivel y desarrollar nuestro máximo potencial.

Esa fuerza interior que nosotras llamamos Confianza Total.

Y, con Confianza Total, todo es posible.

¿EMPEZAMOS?

Verónica y Florencia

CÓMO LEER ESTE LIBRO

Queremos que este libro realmente te sirva, que al leerlo sientas una inyección de confianza, que encuentres calma, que sea tu ritual de conexión contigo mismo. Para lograrlo —y así poder concretar los grandes cambios en tu vida—, aquí te damos algunas sugerencias sobre cómo abordarlo:

- **Que sea lo primero que leas al despertarte:** poner el despertador diez minutos antes de tu horario habitual. Empezar el día con tus cinco minutos de renovación es una gran idea. Apenas nos despertamos, todavía estamos bajo la influencia de unas ondas cerebrales que son las ideales para adquirir nuevas ideas. Además, al hacerlo así, lo vas a convertir fácilmente en tu ritual.

- **Que sea lo último que leas antes de irte a dormir:** tener el libro en tu mesa de luz y leerlo todas las noches cinco minutos antes de dormir. ¿Sabías que lo último que leemos, conversamos o miramos en TV justo antes de dormir es lo que la mente subconsciente se queda procesando durante toda la noche? Por eso, leer algo que te haga bien es ideal para dejar a tu mente subconsciente impregnada de ideas poderosas.

- **Que sea tu lectura para empezar tu día en el trabajo:** tener el libro en tu oficina/lugar de trabajo y hacer los cinco minutos como rutina justo antes de arrancar el día o en la pausa del almuerzo. Lo ideal sería leerlo siempre en un mismo horario, para formar el hábito.

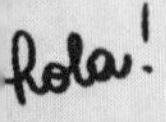

- **Que sea como un juego:** puedes abrir el libro, dejar que te sorprenda y que te "hable", que te dé un mensaje para ese día.

- **Instalar un recordatorio diario en tu celular** que te recuerde tu lectura. Los primeros días quizás lo necesites, después ya lo recordarás sin necesidad del celular.

• **Hay dos formas de leer el libro:** en el orden en el que fue escrito, o recorrer el índice y buscar el tema que necesites para alguna situación puntual. El libro está ordenado en torno a 6 ejes temáticos: mente, energía, autoestima, emociones, vínculos, éxito. Y en el índice podrás ver, en detalle, todos los temas que contiene cada bloque.

• **Nuestra sugerencia es que sólo leas un tip por día**, pues cada tema tiene su profundidad, invita a la reflexión y muchas veces te impulsará a hacer las cosas de manera diferente. Date tiempo para absorber cada idea, deja que tu mente la capte, que puedas sentirla. No es un libro para leer de corrido o de prisa.

• **Aprovecha el arte del libro:** si hay una idea, tip, ejercicio que te gustaría tener muy presente a lo largo de todo el día, puedes dejar el libro abierto en esa página sobre tu escritorio o mesa de luz. Quisimos que este libro tuviese mucha fuerza visual en sus imágenes para generar aun más impacto.

• **Súmate a la comunidad que hay alrededor de este libro:** nosotras mantenemos una conversación constante con los lectores en nuestras redes sociales. Somos muy activas en Facebook, Instagram, Twitter y YouTube porque es nuestra manera de sentirlos a ustedes, nuestros lectores, cerca. Allí generamos debates, muchas veces hacemos sorteos, les damos regalos... y siempre apreciamos mucho los comentarios de las personas que han leído nuestros libros o realizado nuestros cursos. Antes de seguir leyendo, te invitamos a sumarte a nuestras redes para estar al tanto de todas las novedades para la comunidad de Confianza Total.

@confianza.total
facebook.com/Confianzatotal
Confianza Total
@confianzatotal

• **Y suscríbete gratis a nuestra base de datos** para recibir regalos, novedades y anuncios de eventos en www.confianza-total.com.

Tips para
MEJORAR LA AUTOESTIMA

LA CIENCIA DEL AMOR PROPIO

Al escuchar "amor propio" tal vez se te representen imágenes de hippies descalzos, sahumerios de pachuli y simplificaciones de autoayuda. Sin embargo, estamos hablando de uno de los temas más subestimados pero con mayor impacto en la sociedad: la autoestima.

Durante años hemos ignorado los efectos de la baja autoestima. Hoy el 85% de las personas tiene baja autoestima y sus consecuencias son físicas, mentales y emocionales: índices alarmantes de ansiedad, depresión, comportamientos autodestructivos y violencia generalizada en casi todas partes del mundo. Y sin ir a cosas tan extremas, que la mayoría de las personas respondan que no se sienten conformes con quienes son y con la vida que están llevando habla de una plaga mundial de baja autoestima.

Y los problemas empiezan cada vez más temprano. Según las investigaciones realizadas para el proyecto de Dove sobre autoestima, 7 de cada 10 niñas tiene problemas con su imagen corporal. Y el 75% de esas chicas transforma su baja autoestima en conductas nocivas: fuman, padecen anorexia o bulimia, son afectadas por el bullying o se drogan. ¿Y los varones? El 40% de los chicos menores de 12 años ya manifiestan problemas de autoestima.

Por eso, lejos de ser un concepto irrelevante, nosotras creemos que cultivar el amor propio en los tiempos que corren es revolucionario. ¿Revolucionario? ¿No será demasiado?

Abre el diccionario y busca la palabra revolución. Dice algo así como "un cambio radical en la manera de tratar algo, o de hacer algo".

En el mundo actual, donde la mayoría de la gente no siente verdadero respeto y aprecio por su persona, decidir cultivar el amor propio es un cambio radical de enfoque. Es decir, una revolución.

Si queremos un mundo mejor, necesitamos que las personas que lo habitamos nos sintamos bien con nosotros mismos. Porque sólo alguien que se quiere y se respeta a sí mismo podrá respetar y querer a los demás.

QUERERSE A UNO MISMO
ES UNA DECISIÓN.
ES UNA ELECCIÓN. ES UNA
TRANSFORMACIÓN.
Y EN EL MUNDO ACTUAL, QUE NOS
INUNDA DE MENSAJES DE FALSA
PERFECCIÓN AJENA,
CULTIVAR EL AMOR PROPIO ES UNA
VERDADERA REVOLUCIÓN.

FUERZA INTERIOR

Si te dijéramos que naciste con una fuerza interior increíble, una fuerza que te puede llevar a lograr casi cualquier cosa que te propongas, ¿nos creerías?

Si te dijéramos que nadie en el mundo nació con el mix de cualidades que tienes tú, que eres tan único como tu huella digital y que si eres así de único es porque estás acá para hacer algo que nadie más puede hacer, ¿nos creerías?

Si te dijéramos que estás acá para escribir tu propia historia y que esa historia puede llenarte de orgullo y satisfacción, ¿nos creerías?

Creenos.

Todos los seres humanos tenemos una fuerza interior increíble.

Una fuerza capaz de derribar obstáculos, alcanzar sueños, curar heridas, ayudar a otros y dar sentido a la vida.

Una fuerza con la que nacimos todos.

Sí, tú también.

Si crees que la perdiste, la puedes recuperar.

Si sientes que está bien, siempre puede aumentar.

Y una vez que la vuelvas a encender, nunca más se va a apagar.

La confianza en uno mismo se parece
mucho a los cimientos de una casa.
Si están bien hechos, la casa va a ser fuerte.
Si los cimientos fallan, aunque construyas
sobre ellos un palacio, se puede venir abajo.
Por eso es importante construir
la confianza en uno mismo:
al igual que los cimientos, son invisibles,
pero lo afectan todo.

NO HAY NADA MALO EN TI

Claro que hay partes tuyas —de tu forma de ser, pensar y hacer— que te gustan más que otras.

Pero no hay nada nada malo en ti.

No viniste fallado.

Si estás leyendo esto es porque estás vivo. Y si estás vivo, estás acá para seguir creciendo, mejorando, aprendiendo.

Qué aburrida sería la vida si al observarte dijeras: todo lo hago bien.

Tienes el potencial de convertirte en tu mejor versión. Para lograrlo, empieza por dejar de pelearte con lo que todavía no te sale como quieres.

¿Una manera? Reemplaza la idea de "esto me sale mal" por "estas son mis áreas de crecimiento, en estos aspectos puedo mejorar".

¿Piensas que es sólo un cambio lingüístico? Es mucho más que eso. Si pudieras ver todo lo que todavía no te convence de ti como tus áreas de crecimiento, dejarías de castigarte tanto y tu autoestima subiría varios escalones.

En eso se basa la filosofía *kaizen*, una palabra que en japonés significa "mejora continua". Su idea central, adoptada por millones de personas en el mundo, es que siempre hay espacio para mejorar. Que sin importar cuán bien (o mal) te esté yendo, puedes mejorar. Y la base de la mejora continua es observar lo que no está funcionando con una mirada positiva y proactiva.

Haz las paces con esas partes tuyas que no te convencen aún y vas a poder crecer mucho más rápido que si vives juzgándote y criticándote.

Un análisis completo de 15 estudios de más de 3.000 personas de diferentes edades encontró una correlación importante entre ser amables/compasivos con nosotros mismos y cuatro comportamientos de la salud: comer mejor, hacer más ejercicio, dormir mejor y estresarse menos. Las personas con más autocompasión practican estos hábitos con mayor frecuencia.

¿TE SIENTES CÓMODO HABLANDO DE TUS TALENTOS, TUS ÁREAS FUERTES, TUS LOGROS?

Si eres como la mayoría de las personas, tu respuesta seguro es "mmm, la verdad que no me siento cómodo".

¿Sabes por qué?

Porque en la sociedad en la que vivimos sucede algo muy extraño: nos educan para creer que valorarse a uno mismo está mal. Que hablar de lo que hacemos bien es un signo de arrogancia.

¡Es el mundo del revés! Fuimos dotados de talentos para ser usados, de virtudes para ser compartidas. ¿Pero cómo vamos a usarlos, ofrecerlos y celebrarlos si creemos que tenemos que esconderlos?

Muchísima gente, frente a la pregunta de ¿cuáles son tus talentos?, se queda muda. No sabe cuáles son. Y esto, en gran medida, se debe a que desde chicos nos enseñaron a mirar más lo que hacemos mal que lo que hacemos naturalmente bien. Y a no hablar de nuestros talentos y nuestros logros, a ver si todavía quedamos como arrogantes frente a los demás...

Pero de nada le sirve al mundo que te "achiques" para no molestar a otros.

Es cierto que puede haber gente a la que le moleste que brilles con luz propia.

No pierdas energía enojándote con ellos. Pero tampoco bajes la intensidad de tu luz. Si les molesta que brilles, que se pongan anteojos negros. ☺

Ahora en serio: si realmente sientes que tu luz molesta, puedes elegir dos caminos. El de la compasión, recordando que sólo pueden quererte y admirarte hasta donde se quieren y admiran a sí mismos, o el de la depuración, eligiendo con quién pasar más tiempo y con quién menos.

"Nuestro miedo más profundo no es el de ser insuficientes.
Nuestro miedo más profundo es el de ser más poderosos de lo que nos imaginamos.
Es nuestra luz, no nuestra oscuridad, lo que nos asusta.
Nos preguntamos: ¿Quién soy yo para ser brillante, increíble, talentoso?
Pero la pregunta es: ¿Quién eres para no serlo?
Al mundo no le sirve de nada que te achiques para que otros no se sientan inseguros a tu lado.
Por cierto, cuando permitimos que nuestra luz brille, inconscientemente damos permiso a otros para hacer lo mismo. Y al liberarnos de nuestro miedo, nuestra presencia automaticamente libera a los demás."

MARIANNE WILLIAMSON

¿ALGUNA VEZ SIENTES QUE HAY PERSONAS QUE SÓLO CON UN COMENTARIO O UNA MIRADA PUEDEN HACER QUE TU AUTOESTIMA SE DESPLOME?

Hay personas que parecen tener ese efecto: a propósito, o sin querer, logran hacerte sentir mal en tiempo récord. Es como si te tiraran un dardo cargado de veneno que da en el blanco. ¿Te pasó alguna vez?

La realidad es que nadie puede hacerte sentir así a menos que tú lo permitas. Y aunque no lo parezca, esto es una buena noticia. Porque significa que, frente a la mirada descalificadora de otra persona, hay algo que tú puedes hacer para no “envenenarte”.

La próxima vez que alguien te tire uno de esos dardos, repítete internamente: “Sin importar lo que pienses de mí, yo sigo siendo una persona valiosa”. Frase simple y poderosa.

Lo que el otro te diga no depende de ti. Pero lo que tú hagas con lo que el otro te diga, sí. De ahora en más, llévate esta frase, que más que una frase es un escudo antidardos. Memorízala porque en algún momento seguro la vas a necesitar.

Y también recuerda que siempre puedes elegir con quién compartir tus sueños y proyectos y con quién no. Si sabes que esa persona suele tirar dardos, reduce el tiempo que pasas con ella. Y si no puedes, sé selectivo con qué cosas quieres contarle y qué cosas no.

“ALÉJATE DE LAS PERSONAS
QUE QUIEREN EMPEQUEÑECER
TUS AMBICIONES.
LA GENTE PEQUEÑA DE ESPÍRITU
SIEMPRE HACE ESO.
PERO HAY GENTE GRANDE
QUE TE HACE SENTIR QUE TÚ
TAMBIÉN PUEDES SER GRANDE.”

MARK TWAIN

HOY SÉ AMABLE CONTIGO MISMO

Sí, ya sabemos que no todo te sale perfecto. Sabemos que muchas veces las cosas no salen como esperabas y sientes que podrías hacerlas mejor. Pero ¿sabes qué? La autocrítica excesiva no va a hacerte progresar. Más bien todo lo contrario.

¿Eres muy duro contigo mismo cuando te equivocas?

Si eres como la mayoría de la gente, eres tu crítico más duro. Quizás no le dirías a nadie "qué inútil eres", "no sirves para nada", "siempre haces todo mal"... no se lo dirías a nadie salvo a ti. Eso y cosas peores, ya sabemos.

Hay una creencia popular que sostiene que para progresar hay que ser duro con uno mismo. Que la letra con sangre entra. Y si bien existen creencias populares muy sabias, esta no es una de ellas.

Hoy está comprobado por la psicología y las neurociencias que la manera más rápida de progresar es tratándonos bien siempre, y especialmente cuando las cosas nos salieron mal.

Flor de desafío eso de tratarte bien cuando te equivocas. Pero hay algo que se puede hacer para lograrlo: háblate a ti mismo como si le estuvieras hablando a la persona que más quieres en el mundo. ¿Le dirías "inútil", "idiota", "fracasado", "haces todo mal"? Seguro que no. ¿Qué le dirías? Eso mismo dítelo a ti la próxima vez que te equivoques.

Como en cualquier aprendizaje, pasar de la autocrítica a un diálogo amable con uno mismo requiere de cierta práctica. Sin embargo, los resultados son tan buenos que queremos animarte a que empieces hoy mismo a tratarte mejor.

UNA VEZ LE PREGUNTARON A ROGER FEDERER CUÁL FUE SU SECRETO PARA CONVERTIRSE EN EL NÚMERO 1 DEL TENIS.

Sin dudarlo respondió: "Entendí que si quería ser un campeón, tenía que aprender a pensar como un campeón. Pensar como un campeón es, por sobre todas las cosas, no criticarte jamás. Especialmente cuando estoy jugando mal, mi secreto es no enojarme conmigo mismo y seguir pensando que el próximo punto lo puedo ganar".

EL SECRETO DE UN NÚMERO 1 ES NO CRITICARSE JAMÁS, AUN CUANDO LAS COSAS NO LE SALEN BIEN.

¿Y SI LO INTENTAS?

¿ERES DE CUMPLIR TUS PROMESAS?

Si quieres aumentar tu autoestima, presta atención a cuán seguido rompes las promesas que te haces: "El lunes empiezo el gimnasio", "A fin de mes dejo de fumar", "Te prometo que te llamo sin falta"...

Una de las maneras más rápidas de recuperar la confianza en ti mismo es cumplir con las promesas que te haces.

Prometerte algo y no cumplirlo es una pequeña traición a ti mismo. Prometerles algo a otros y no cumplirlo es restar un punto a la confianza que esa persona te tiene a ti. Sé selectivo con tus promesas. Sólo promete aquello que realmente estás comprometido a hacer.

Para comprometerte contigo mismo lo primero que te recomendamos es que decidas qué área de tu vida quieres mejorar y que estés dispuesto a llevar adelante las acciones necesarias. Piensa en algo que de verdad quisieras lograr, y que si lo hicieras tu vida cambiaría...

Puede ser una promesa relacionada con la salud: dejar de tomar tantas gaseosas y empezar a tomar más agua; puede ser algo relacionado con tu vida familiar: dedicar más tiempo a la relación con algún miembro de tu familia; puede ser una promesa relacionada con finanzas: ahorrar un poco de dinero por mes... lo que sea. Lo importante es que se trate de algo que quieras lograr y desees que suceda.

El secreto de las promesas: hacer pocas, las que estés seguro de poder cumplir, y cuando lo hagas, comprométete 100% a realizar las acciones necesarias. Las promesas rotas rompen la confianza en ti mismo, pero las cumplidas aumentan notablemente tu autoestima ¡y además te hacen sentir bien!

LAS INVESTIGACIONES MUESTRAN QUE SÓLO UN 8% DE LAS PERSONAS CUMPLEN CON LAS FAMOSAS "RESOLUCIONES DE AÑO NUEVO", ES DECIR, CON LAS PROMESAS QUE SE HACEN A SÍ MISMOS AL COMIENZO DEL AÑO.

¿A VECES DICES "SÍ" CUANDO EN REALIDAD QUERÍAS DECIR "NO"?

Sí, sabemos que esto sucede. Y también sabemos por qué: porque preferimos evitar la incomodidad de decir que no, porque no queremos caer mal, porque buscamos la aprobación de los demás cueste lo que cueste.

Pero ¿sabes una cosa?

Aprender a decir que no es fundamental.

Decir no a otros cada tanto te da la oportunidad de decirte sí a ti más seguido.

La oportunidad de decir que sí a tus necesidades. Tu necesidad de tiempo, tu necesidad de espacio, tu necesidad de no tener que explicarle todo a todo el mundo.

Y respetar tus necesidades, lejos de ser un acto egoísta, es un paso esencial en la reconstrucción de tu autoestima.

Eso sí, cuando elijas decir no, hazlo con amabilidad. Lo cortés no quita lo valiente. ☺

"Para innovar hay que saber decir que no.
Hay muchas buenas ideas dando vueltas.
Pero hay que saber elegir. Yo estoy tan orgulloso
de las cosas que hice como de las que elige
no hacer: dije 'no' a mil ideas. Aprender a decir
que no te va a permitir enfocarte en lo que
es realmente importante en tu vida."

STEVE JOBS

¿TIENES TIEMPO PARA TI?

En general la respuesta es no.

Que no tengo un minuto de sobra...

Que al día le faltan horas...

Y secretamente ¿sientes que "estar sin un minuto" te hace una persona más importante?

Una de las maneras en que disimulamos una autoestima herida es buscando estar siempre ocupados. Hay un famoso síndrome de baja autoestima que se resume en "necesito hacer más cosas para sentir que valgo más": trabajar más horas, ganar más dinero, ocuparme de más gente...

Y mientras te engañas pensando que "estás en todo", en el fondo te estás perdiendo de algo importante. Te estás perdiendo ese espacio vital de renovación, de contacto contigo mismo, de silencio interior, de pausa... un espacio que sólo puedes crear tomando la decisión de hacerte ese tiempo para ti.

Date permiso para no hacer nada.

El mundo pensará que no estás haciendo nada. Pero tú sabes que estás haciendo mucho.

Por si todavía te quedan dudas, hay un famoso estudio que hizo el Boston Consulting Group: la consigna fue que los ejecutivos —súper ocupados— se tomaran un día libre por semana. Al principio todos se escandalizaron. ¿Cómo cumplirían con sus objetivos? Al final del estudio se sorprendieron: el 100% de los participantes declararon estar menos estresados, menos ansiosos... ¡y haber cumplido con todas sus metas de trabajo!

El tiempo de conexión contigo mismo jamás
es tiempo perdido.

Si aprendes a usarlo, puede ser tu mejor
tiempo invertido.

Haz de ese momento, tu momento.
Haz de tu momento, un hábito.
Haz de ese hábito, una prioridad.

Ponlo en tu agenda con la misma seriedad
con la que te tomas
el resto de tus responsabilidades.

Y a la "culpa" o al "que dirán", tírale los datos
de la ciencia: las personas que se permiten
tiempo personal de renovación
son más productivas, más felices y viven
más años. ☺

¿SABÍAS CUÁL ES?

Una de las prácticas que más rápido aumenta nuestra autoestima es recordar nuestros logros.

¿Qué son los logros? Las cosas que hicimos bien, que con sólo recordarlas nos llenamos de orgullo.

Nuestro nivel de autoestima es directamente proporcional a la capacidad de recordar nuestros logros. Pero, claro, nos educaron al revés: siempre se nos remarcó con más énfasis lo que hacíamos mal que lo que hacíamos bien.

¿Te acuerdas de qué color te marcaban los "errores" en el colegio?

¡En rojo! No sea cosa que fueran a pasar desapercibidos...

¿Y los aciertos? A quién le importan.

Y así vamos después por la vida. Con el cerebro entrenado para mirar más lo que hacemos mal que lo que hacemos bien.

El tema es que la autoestima, la confianza y los logros futuros se asientan sobre la capacidad de recordar los logros pasados.

Antes de dormir piensa tres cosas por las que te sientes orgulloso. Hacerlo es como darle una inyección de autoestima a tu mente subconsciente. Te vas a despertar con otra energía.

¿Te animas a un desafío más grande? Escribe tus cien logros más importantes.

Casi que podemos ver tu cara de horror al leer esta propuesta. ¿Cien logros? Sí, cien. Cuando tengas un rato, empieza. No importa si lo completas de una o te toma varios días. Lo importante es que lo hagas. Hemos visto resultados sorprendentes en nuestros cursos al proponer este ejercicio.

Nuestra autoestima crece recordando
las cosas que hacemos bien.

Pon tus logros por escrito.
Arma una pared de fotos
con momentos de logros.
Habla con los demás sobre las cosas
que te salieron bien.
Pregúntales por sus propios logros.

Haz de los logros un tema.
Así como haces de los problemas
y los obstáculos un tema,
eso mismo puedes hacer con los logros.

Aquello en lo que nos enfocamos
crece.

LA CARTA DEL FUTURO

¿Cómo está tu nivel de motivación?

¿Te pasa que a veces pareciera tener el efecto "espuma de cerveza" (sube rápido y luego desaparece)?

Los motivos por los cuales nos desmotivamos pueden ser miles. ¿Pero sabías que hay una manera de mantenerte muy motivado a lo largo de todo un año? Esto que te vamos a contar ahora es uno de los "ejercicios estrella" que hacemos en nuestros cursos. Se lo enseñamos a deportistas de elite, a empresarios, emprendedores y a miles de personas que quieren ver cambios notables en sus vidas en un año. Si te lo tomas en serio, va a transformar tu nivel de motivación en un 100%.

Se llama "La carta del futuro". Y es una de las mejores maneras de motivarte porque consiste en construir una imagen poderosa de lo que quieres lograr de acá a un año. El procedimiento es tan simple como escribirte una carta a ti mismo como si ya hubiese pasado un año y pudieras observarte, desde el futuro, disfrutando de los logros alcanzados. Piensa en todas las áreas de tu vida: familia, finanzas, tiempo libre, salud, amigos, comunidad, aprendizajes, experiencias.

Empieza la carta así: "Querido/a (tu nombre), te escribo para decirte que estoy muy orgulloso por todo lo que lograste en el último año... Vi que pudiste...", y relata con el mayor nivel de detalle posible todos los aspectos en los que te gustaría ver logros o progresos como si ya hubieran ocurrido. Por ejemplo: "Querida Florencia, quiero felicitarte porque sostuviste la rutina de actividad deportiva todo el año, te vi comer sano y tomar agua y eso se sintió en tu nivel de energía física; también quiero decirte que estoy muy orgullosa de cómo manejaste el equilibrio entre tu vida de trabajo y tu vida personal. Qué bueno que hayas planificado ese viaje con tu familia y lo hayas hecho... etc.".

Si te contáramos un 10% de lo que les ha pasado a participantes de nuestros cursos al escribir su carta del futuro —y releerla todas las noches antes de dormir—, no te darían las manos para empezar a escribirla.

TU HISTORIA ESTÁ ESCRIBIÉNDOSE AÚN.

NO TIENE POR QUÉ TERMINAR IGUAL QUE COMO EMPEZÓ.

NO TIENE POR QUÉ SER GUIONADA POR OTRAS PERSONAS.

TU HISTORIA ES TUYA. DE PRINCIPIO A FIN.

Y NO TIENE POR QUÉ TENER UN FINAL PREDECIBLE.

¿QUÉ HISTORIA TE GUSTARÍA ESCRIBIR?

DEDÍCALE UN RATO. TODOS LOS GRANDES ESCRITORES NECESITAN TIEMPO PARA MADURAR SUS MEJORES HISTORIAS.☺

HAY DOS MANERAS DE ENCARAR LA VIDA: DESDE LA POSTURA DE "VÍCTIMA" O DESDE LA POSTURA DE RESPONSABILIDAD

Cada una tiene pros y contras.

Encarar la vida desde la postura de víctima te permite quejarte y echarles la culpa a otros de tu insatisfacción. Tienes la excusa o explicación perfecta de por qué las cosas no salen como quieres. En esta postura siempre puedes preguntarte quién debería comportarse diferente para que tú estés mejor, qué cosas deberían cambiar para que a ti te vaya mejor, y cuando todo sale mal siempre puedes pensar ¿quién tiene la culpa de esto? Es como tomarte un tranquilizante. Eso sí, la pastilla viene con una advertencia: te va a tranquilizar, pero nada, absolutamente nada, va a cambiar. Y atención: puede generar adicción.

Encarar la vida desde la postura de responsabilidad es totalmente distinto. Acá no hay pastilla con efecto tranquilizador. No hay excusas en las que ampararse. No hay a quien echarle la culpa de que las cosas no sean como quieres. Esta postura conlleva el compromiso de hacerte cargo de tus resultados en la vida. En esta postura todo el tiempo te preguntas: ¿cuál es la mejor forma de responder a esto que me está pasando?, ¿qué cosas dependen de mí?, ¿qué puedo hacer yo para modificar mi realidad? Sí, es más trabajo. Sí, es un camino menos transitado. Pero hay un premio al final del recorrido: las posibilidades de que tus resultados cambien para bien se multiplican por cien.

Entre la comodidad de la postura de la víctima y la posibilidad de la postura de responsabilidad, ¿tú con cuál te quedas?

...

EN LA VIDA PODEMOS TENER EXCUSAS/EXPLICACIONES O PODEMOS TENER RESULTADOS.

LO QUE NO PODEMOS ES TENER LAS DOS COSAS AL MISMO TIEMPO.

•

CUÁNTA ENERGÍA MALGASTAMOS A VECES EN CULPAR A OTROS DE NUESTRAS CIRCUNSTANCIAS

Sin darnos cuenta contaminamos nuestro día a día con pequeñas "victimizaciones": si tan sólo mi jefe me tratara mejor, si mi suegra me quisiera más, si mi mujer se quejara menos, si mis hijos me dejaran más tiempo libre, si tan sólo tuviese más tiempo, más dinero, más suerte...

No decimos que no haya verdad en esas afirmaciones. Muchas veces tienen su cuota de realidad.

Pero hablar de ciertos aspectos de la realidad una y otra vez lo único que hace es perpetuarlos.

Nos intoxicamos un poco todos los días al dedicar tiempo a abonar ese tipo de pensamientos en donde nos sentimos "víctimas" de personas o circunstancias que no podemos cambiar.

¿Y si a partir de hoy decides empezar una dieta detox de "victimizaciones"?

Vas a bajar varios kilos de negatividad, pesimismo, desánimo y desmotivación.

¿Y si a partir de hoy decides ser protagonista en lugar de víctima?

Dejarías de perder el tiempo culpando a los demás y tendrías energía para diseñar la vida que quieres vivir.

"La gente siempre culpa a sus
circunstancias por lo que son.
Yo no creo en las circunstancias.
La gente que progresa en este
mundo es la gente que se levanta
y busca las circunstancias que quiere,
y si no puede encontrarlas, las crea."

George Bernard Shaw

¿ALGUNA VEZ TE PASÓ SENTIR QUE TE FALTA "ALGO" PARA ALCANZAR LO QUE QUIERES?

Te falta "algo" que los demás tienen y tú no: te falta preparación, te falta talento, te falta trabajar más, te falta tener un título, te falta la ayuda de alguien, o tener más experiencia, o ser más linda, ser más flaco... Algo, me falta algo...

¿Te pasó sentir que vas a poder lograr eso que quieres sólo "el día que..."? ¿Y ese día nunca llega? Entonces todo se convierte en un objetivo lejano: encontrar una pareja que te quiera de verdad, conseguir un trabajo que te estimule, tener una casa que te encante, todo se vuelve difícil o imposible.

¿Sabes lo que de verdad te puede estar faltando? ¡La pieza del millón! La que vale oro, presta atención: lo que puede faltarte es sentir que te lo mereces. Sí, que te lo mereces, ¡así como estás hoy! Que te lo mereces por todo el camino que vienes recorriendo, que te lo mereces por las ganas que le pones a todo, que te lo mereces por la responsabilidad con la que trabajas, que te lo mereces por lo buena persona que eres, por los valores que tienes, por todo lo que das. Que no tienes que hacer más, sino creer más. Creer más en ti.

Por eso te proponemos que la próxima vez que quieras lograr algo, además de imaginarlo y visualizarlo, sientas profundamente ME LO MEREZCO.

Es buena idea que te escribas la frase ME LO MEREZCO en algún lugar bien visible. Es uno de los recordatorios más poderosos que puedes hacerte a diario.

"Quiérete a ti mismo. Lo suficiente como para tomar las acciones necesarias para tu felicidad. Lo suficiente como para que te liberes del drama del pasado. Lo suficiente como para que pongas estándares altos para tus relaciones personales. Lo suficiente como para que alimentes tu mente y tu cuerpo de manera saludable. Lo suficiente como para que te perdones. Lo suficiente como para que puedas avanzar."

STEVE MARABOLI

Tips para
DOMINAR TU MENTE

¿SABÍAS QUE EL 95% DE TUS PENSAMIENTOS, EMOCIONES Y COMPORTAMIENTOS PROVIENE DE TU MENTE SUBCONSCIENTE?

Si eres como la mayoría de la gente, tu respuesta a esa pregunta es "no lo sabía, y francamente no tengo ni idea de qué me hablan cuando hablan de la mente subconsciente". Te la vamos a presentar: es esa parte de la mente que es muchísimo más poderosa que tu mente consciente y que es responsable del 95-99% de todo lo que haces (y no haces) en tu vida.

El problema es que no la conocemos ni sabemos cómo activarla. Por eso buscamos cambiar hábitos, cumplir metas, ganar más dinero, tener una mejor relación de pareja, y vivir la vida de nuestros sueños... sólo desde el nivel de la mente consciente. Y es sólo una pequeña fracción de nuestra vida mental. Nos estamos perdiendo de trabajar codo a codo con el mayor aliado que podemos tener para acelerar todos nuestros resultados y vivir una vida mucho mejor, mucho más rápido.

En las próximas páginas encontrarás muchas ideas y tips que te van a ayudar a acceder a la mente subconsciente para empezar a generar cambios reales. El único requisito es que dediques unos minutos al día a leer y llevar a la práctica lo leído.

Queremos que te renueves a nivel mental. Queremos que puedas ser muy consciente de tus pensamientos, tus creencias y tus hábitos... porque al hacerlo vas a ver cambios muy rápido en tu vida.

Suena raro eso de tener una gran parte de nuestra mente que no conocemos, ¿verdad? Sin embargo, hoy se sabe desde muchas ramas científicas y psicológicas que ese subconsciente existe y es poderosísimo. Es sólo cuestión de correr el velo que lo cubre, descubrir lo que hay allí y operar desde ese lugar para ver cambios sorprendentes. ¿Empezamos?

"La mente subconsciente es un millón de veces más poderosa que la mente consciente, y nuestras vidas están dominadas en un 95% por la mente subconsciente."

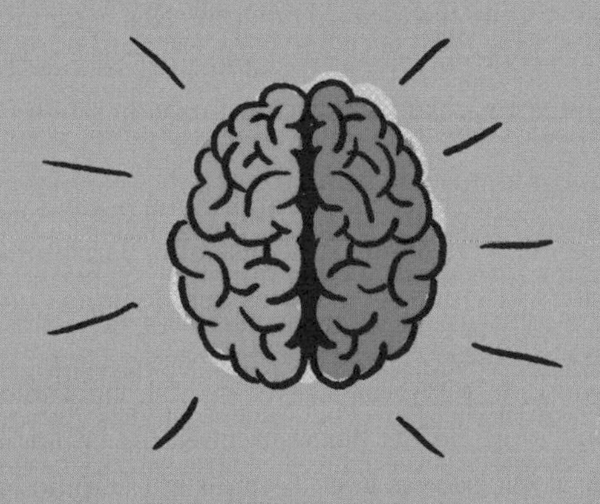

Dr. Bruce Lipton
Biólogo, ganador del premio "Mejor libro de ciencias" 2006

¿SABÍAS QUE TU MENTE SUBCONSCIENTE ES COMO UN NIÑO INOCENTE QUE SE CREE TODO LO QUE LE DICES?

Sí, así como lo escuchas. Cuando sembramos un pensamiento en la mente subconsciente, y además a ese pensamiento le sumamos emoción y convicción, la mente se lo cree.

Basta analizar el caso del "efecto placebo". Quizás escuchaste hablar de esto: un médico le da a su paciente un remedio y le dice que ese remedio es muy poderoso y si lo toma, se va a curar. El paciente toma la medicación, confiando en que lo que dijo el médico era cierto, y se cura.

Lo que el paciente no sabía es que esa pastilla que se tomó no era un remedio. Era sólo una pastilla de azúcar. Pero como él creía que era un remedio que lo iba a curar, se curó. ¡Se curó porque *creyó* que se iba a curar!

Así de poderosa es nuestra mente subconsciente. Y así de poderosos son los pensamientos que sembramos ahí. Son tan poderosos que pueden transformar hasta la "realidad" más terrible.

Charles Chaplin tuvo una infancia durísima. Nació en una familia muy pobre. Su madre tenía trastornos mentales. Su padre era alcohólico. Pasó su niñez de orfanato en orfanato. No tenía mucho a su favor para "pensar en positivo". Pero él cuenta que había algo que todos los días de su vida se repetía a sí mismo. Mientras caminaba por las calles, mendigando algo para comer, se decía: "Un día me voy a convertir en el mejor actor del mundo, y el mundo sabrá quién soy".

No esperes a que todo esté en orden para empezar a sembrar pensamientos poderosos en tu mente subconsciente. Empieza hoy, desde donde estés.

Elige una sugestión positiva para repetirte internamente por los próximos 30 días. Anótala en el espejo del baño, en tu celular, en la puerta del refrigerador... donde sea.

Repítela con convicción.

¿RECUERDAS CUÁL FUE TU PRIMER PENSAMIENTO DEL DÍA HOY?

Quizás no, son tantos que casi no les prestamos atención. Por cierto, son alrededor de 50.000 por día. ¡Ah!, y el 80% suelen ser negativos y acerca de nosotros mismos.

Fuerte, ¿no?

Pero lo más fuerte es que los pensamientos tienen poder: terminan materializándose.

Hay dos momentos del día que son clave para reprogramar tu mente: apenas te despiertas y justo antes de irte a dormir. ¿Por qué? Porque lo primero que piensas apenas te despiertas le pone el "tono" a tu día. Le marca la "onda" que va a tener, le imprime una energía particular.

Si tus primeros pensamientos son "Quiero seguir en la cama... ¡Uy, qué tarde se está haciendo! Qué día agotador tengo por delante... Qué espanto el clima... Qué pocas ganas tengo de ir a trabajar", todos ellos te predispondrán anímicamente y acabarán materializándose.

Si eliges pensamientos que te energicen, tu día va a empezar con el pie derecho. Puedes arrancar poniéndole una intención: "Hoy voy a tener un día de mucha claridad mental" u "Hoy voy a estar de buen humor, pase lo que pase".

Y antes de irte a dormir es el otro momento clave. ¿Por qué? Porque la mente subconsciente se queda procesando durante toda la noche lo último que pensamos, leímos, comentamos... los 45 minutos previos a dormirnos.

Esta noche, antes de irte a dormir, elige un pensamiento que te sirva. Mañana al despertarte fíjate cómo te sientes. Y elige una intención positiva para tu día.

¡Haz la prueba!

Los cambios más grandes de nuestra vida pueden generarse solamente si provocamos cambios en nuestra mentalidad. Y los dos momentos más poderosos para hacerlo son los instantes apenas nos despertamos y justo antes de irnos a dormir. ¿Con qué pensamiento vas a empezar tu día? ¿Con qué pensamiento lo vas a terminar?

¿ERES CONSCIENTE DE TU DIÁLOGO INTERIOR?

Estamos todo el día "hablandonos" a nosotros mismos. Desde que nos despertamos hasta que nos vamos a dormir. Cuando no encontramos las llaves antes de salir de casa y cuando pasamos frente a un espejo. Y aunque algunas de esas cosas que "nos decimos" pueden parecer inocentes, en realidad no lo son.

Las palabras que nos decimos a nosotros mismos no son inocentes ni se las lleva el viento. Son palabras que van formando imágenes en nuestro cerebro y que nos predisponen a comportarnos de cierta forma. Lo que nos decimos a nosotros mismos crea una imagen en nuestro cerebro y deja una marca en nuestra autoestima. Por eso aquello que pensamos y nos decimos termina manifestándose en nuestra vida.

Cuando nosotras entrenamos a atletas de alta performance hacemos muchísimo foco en su diálogo interior. Porque sabemos el impacto que tiene en su desempeño. Serena Williams, la múltiple campeona de tenis, dice que aprender a entrenar a su voz interior fue tan importante como entrenar su juego. Y que muchas veces, cuando su cuerpo estaba cansado, fue su voz interior la que le dijo "vamos, no te rindas".

Claro que no es fácil tener una conversación interior positiva cuando a tu alrededor las cosas no van bien. Todos tenemos "esos días" en los que pareciera imposible cambiar el chip interno. Pero es justamente ahí cuando más necesitamos cambiar lo que nos decimos.

Si tu conversación interior es negativa, tus resultados negativos se van a perpetuar. Es así de fácil. Entonces, ¿qué hacer? Lo mismo que harías si te cayera en las manos un pedazo de carbón encendido: ¡soltarlo lo más rápido posible!

PRESTA ATENCIÓN
A LAS COSAS QUE TE DICES.
HAY ALGUIEN IMPORTANTE
ESCUCHANDOTE
Y TOMANDOSELAS
MUY EN SERIO: TÚ.

¿CUÁL ES TU HISTORIA?

Todos tenemos una historia. Una historia sobre el dinero, sobre las relaciones, sobre nuestro cuerpo, sobre la salud. Y tenemos creencias, pensamientos y hábitos que apoyan esa historia. Nos rodeamos de personas que apoyan esa historia. Y nuestra historia tiene un gran poder sobre nuestra vida.

Piénsalo un poco. ¿Qué historia se contaba en tu casa acerca del dinero? ¿Que era muy difícil ganarlo? ¿Que todo podía desaparecer de la noche a la mañana? ¿Que las mujeres no estaban preparadas para ganar dinero? Fíjate si alguna de esas creencias forma parte de tu historia hoy.

Piensa en tu cuerpo. ¿Cuál es tu historia? ¿Tienes una contextura heredada con tendencia a la gordura? ¿A ti las dietas no te funcionan? ¿No tienes fuerza de voluntad para entrenar? Cuando te miras al espejo, ¿qué pensamientos dominan tu historia?

Podríamos seguir analizando varios aspectos de tu vida. Tienes una historia para todos ellos. Es decir, tienes una serie de pensamientos que dan forma a una imagen de cómo son las cosas y de cómo eres tú. Puedes empezar a darte cuenta de cuál es tu historia analizando el "tono" en el que hablas sobre ese tema, las palabras que usas y la energía que sientes al pensar en él. Puede que hayas heredado pensamientos que conforman la historia, puede que hayas escrito tu propia historia. Lo importante es que te des cuenta de que quizás algunas de esas historias ya no te sirven.

Las grandes preguntas son: ¿quién serías tú con otra historia?, ¿qué pensamientos dominarían la escena?, ¿qué emociones sentirías?, ¿de qué personas te rodearías para apoyar esa historia?, ¿qué cambios verías en tu vida?

¿Quién serías con otra historia?

Cambiar nuestra manera
de pensar es un gran desafío.
Implica modificar patrones
mentales muy asentados
en nuestra mente.
Un primer paso es observar
a conciencia los pensamientos
dominantes que tenemos
sobre diferentes temas.
Simplemente obsérvalos.
Sin juzgarlos.

¿SABES CUÁL ES EL ESTADO MENTAL QUE HACE TODO MUCHO MÁS FÁCIL?

Imagínate que quieres subir una montaña. Tu objetivo es hacer cumbre. Tienes que armar la mochila para la escalada. Como sabes, cuanto más peso llevas, más difícil es subir. Por ende, tienes que elegir bien qué poner allí. ¿Cargarías esa mochila de piedras pesadas que no te aporten nada más que peso innecesario? Seguramente no... Sin embargo, eso es lo que muchas veces hacemos. Nos proponemos una meta, un sueño y cuando empezamos a prepararnos para "escalar" llenamos la mochila de piedras innecesarias, es decir, de pensamientos negativos. Pensamientos que "describen la realidad", pero lo único que hacen es cargarte y agotarte.

La otra manera de encarar la subida es llevando sólo lo que realmente necesites y te ayude a escalar. En lugar de piedras llevas pensamientos que te impulsan hacia adelante. Estos son los pensamientos que "crean" la realidad que deseas en lugar de "describir" la realidad que tienes.

Estos pensamientos son los que te ayudan a entrar en el "estado de fluir": ese estado donde tus esfuerzos no te cansan, te energizan; tu tiempo no se agota, se multiplica; tu concentración no se dispersa, se agudiza. Y por ende, las cosas te salen mucho mejor y disfrutas más del proceso.

¿Te gustaría saber cómo entrar en este estado? Lo primero que tienes que hacer es tomar aire profundamente, y una vez que te sientas centrado, pregúntate: a. ¿Qué estoy pensando?; b. ¿Qué estoy sintiendo?; c. ¿Cuál es mi intención?; d. ¿Qué acción, aunque sea pequeña, puedo tomar para alinearme con mi intención?

Hacia donde está tu intención, fluye tu acción. Y son las acciones lo que van a producir en tu vida la verdadera transformación.

El psicólogo Mihaly Csikszentmihalyi define el fluir o estado de *flow* como "un estado subjetivo que las personas experimentan cuando están completamente involucradas en algo hasta el extremo de olvidarse del tiempo, el cansancio y de todo lo demás, excepto la actividad en sí misma".

¿Hace mucho que no sientes algo así, donde se borran los límites de lo posible y lo imposible, donde el esfuerzo se vuelve energía creativa y todo fluye?
Si tu respuesta es "sí", aquí va una clave: revisa tus pensamientos como si fueras un guardián celoso... porque de ello depende que te encamines hacia el estrés, donde todo se bloquea, o hacia la sensación de fluir, donde todo se libera.

¿DÓNDE ESTÁ TU ATENCIÓN?

Te hacemos esta pregunta porque hay un principio básico que a veces olvidamos: la cantidad de energía que tenemos por día es limitada. Y desde que nos despertamos por la mañana empezamos a "gastarla": responder el WhatsApp, los mails, las redes sociales, responder a amigos, familia, jefes, clientes... miles de temas externos comienzan a ocupar nuestra cabeza, nuestro tiempo y nuestra atención. Allí donde pones tu atención, va tu energía. Desde la primera hora del día fijamos la atención en miles de cosas externas, y por ende nuestra energía sale hacia afuera de nosotros, sin darnos cuenta vamos gastándola... y luego nos preguntamos: ¿por qué no me queda energía para llevar adelante mi proyecto?, ¿por qué no tengo ideas creativas para hacer funcionar mi negocio?, ¿por qué estoy agotado a media tarde?, ¿por qué me está costando tanto cambiar cosas de mí mismo?

La respuesta puede ser: porque estás gastando toda tu energía en el mundo exterior que te rodea, y te está quedando poca (o nada) para tu mundo interior. Tu mundo interior, ese lugar donde están tus pensamientos y emociones, y desde donde puedes crear tu nueva realidad.

Invertir energía en tu mundo interior es una decisión. Al principio te va a costar. Sobre todo si lo primero que haces apenas abres un ojo es revisar tu celular. Pero es posible cambiar. Y al dedicar energía a tu mundo interior, se puede abrir un mundo de posibilidades creativas, de ideas originales y de soluciones a problemas que jamás aparecerían si estuvieras todo el tiempo entregando tu energía (y pensamientos) hacia el exterior. Muchos de los grandes creativos, emprendedores y genios de la humanidad tuvieron "su idea brillante" justo después de hacer una oración o una larga caminata, o de dedicar un tiempo a la contemplación de la naturaleza.

¿Cómo hacer para enfocarte en tu mundo interior? Te proponemos el siguiente desafío: durante siete días haz la prueba de dedicar veinte minutos diarios a conectarte contigo mismo. ¿De qué manera? Puede ser meditando, permaneciendo en silencio, saliendo a caminar, gozando de la naturaleza, leyendo algo que te ayude a conectarte, consagrando un tiempo a la oración...

DONDE PONES
TU ATENCIÓN,
ALLÍ VA TU
ENERGÍA.

¿SABÍAS QUE PUEDES DIRIGIR TU MENTE A TRAVÉS DE PREGUNTAS?

Piensa en tu mente como una computadora. Específicamente, como un buscador. ¿Qué hace Google cada vez que tipeas algo en su buscador? Busca la respuesta. Nuestra mente es igual: busca respuestas a las preguntas que nos formulamos. ¡Y muchas veces estamos "atascados" en la vida porque nos estamos haciendo preguntas que no nos ayudan! Hay preguntas que nos conectan con el pasado, con lo que no se puede cambiar. O con el presente, pero desde una perspectiva de escasez e impotencia. A estas preguntas las llamamos "callejón sin salida" porque dan lugar a pensamientos que no conducen a nada.

Pensemos en un ejemplo: no estás contento con tu trabajo. Sería bastante simplista decirte "déjalo". A veces no se puede, o no se puede de inmediato. Y las preguntas "callejón sin salida" serían: ¿Por qué tengo que trabajar acá? ¿Por qué el resto de la gente puede tener un trabajo gratificante? ¿Por qué me pagan tan poco? ¿Seré infeliz el resto de mi vida? ¿Qué va a hacer tu mente con esas preguntas? Acuérdate: el buscador de Google. Va a buscar respuestas. Las respuestas inevitablemente te conectarían con la escasez, con la imposibilidad: porque no tengo suerte, porque no consigo otras cosas, porque no estoy lo suficientemente calificado, porque la vida es así. El problema no está en las respuestas. Está en las preguntas.

Imaginemos ahora la misma situación encarada con preguntas que te ayuden a dirigir tu mente hacia pensamientos de abundancia y posibilidades.

¿Cómo puedo mejorar mi situación presente en este trabajo? ¿Podría conversar con alguien para que me ayude? ¿Podría empezar algo diferente? ¿Podría desarrollar una nueva habilidad para tener más opciones? ¿Qué otras posibilidades hay? ¿Qué talentos tengo que aún no he usado en mi trabajo? ¿Cuál sería el primer paso que podría dar para encontrar más satisfacción en lo que hago? ¡Esta es la clase de preguntas que te sacan del estancamiento y te ponen en movimiento!

Elige bien tus preguntas. De ellas depende que tu mente tome el camino del "problema" o el camino de la "solución".

La calidad de nuestras preguntas determina
la calidad de nuestros pensamientos.
La calidad de nuestros pensamientos
determina la calidad de nuestras acciones.
La calidad de nuestras acciones determina
la calidad de nuestra vida.

LA MAYORÍA DE LA GENTE ESTÁ PENSANDO EN LO QUE NO QUIERE Y SE PREGUNTA POR QUÉ APARECE EN SU VIDA UNA Y OTRA VEZ

¿Te pasó alguna vez? Estar muy frustrado con algo, pensar en ese tema noche y día... y preguntarte por qué será que el mismo tema sigue surgiendo en tu vida.

¿Quieres saber por qué pasa eso?

Porque nos convertimos en aquello en lo que más pensamos.

Si estamos todo el día pensando en deudas, negocios que no funcionan... difícilmente podremos crear prosperidad.

Si estamos pensando en el fracaso, difícilmente podamos triunfar.

Si estamos pensando y recordando todas las veces que fuimos maltratados en una relación, difícilmente seamos amados.

Y esto lo afirman hoy las neurociencias: terminamos convirtiéndonos en aquello en lo que más pensamos.

Aquello en lo que nos enfocamos, es lo que creamos.

Por eso queremos que empieces a poner a tus pensamientos bajo la lupa. Que te tomes en serio el trabajo de observarlos y empezar a modificarlos.

PD: quizás puedas escribir en algún lugar visible la frase “me convierto en aquello en lo que más pienso”.

Los pensamientos
se materializan.
Elígelos bien.

¿SABÍAS QUE ESTAMOS BIOLÓGICAMENTE DISEÑADOS PARA EVITAR CAMBIAR?

Ahora vas a tener la explicación o excusa perfecta sobre por qué te cuesta tanto comprometerte con esos cambios que vienes buscando hace rato: dejar de fumar, hacer ejercicio todos los días, llevar una dieta sana y equilibrada, ahorrar más, leer un poco todos los días...

Nuestro cerebro está cableado de tal manera que siempre va a buscar mantener el equilibrio y que las cosas sigan igual. Técnicamente se llama homeostasis. Por ejemplo, ¿a qué temperatura está la habitación en la que te encuentras ahora? Dudamos que sea 37 grados, pero tu cuerpo interiormente busca mantener esa temperatura, aunque afuera haga frío o calor. La homeostasis es muy importante en muchos aspectos. Pero, a la vez, esa búsqueda por hacer que las cosas sigan siempre igual es uno de los mayores frenos biológicos que tenemos para poder cambiar. Además, nuestro cerebro siempre busca conservar energía al máximo, es decir "gastar" lo menos posible. Y cambiar requiere altas dosis de energía mental.

Es decir: cambiar cuesta. Y así como nos cuesta cambiar los hábitos, ¡cambiar nuestras creencias limitantes también cuesta! ¿Qué son las creencias limitantes? Son esas cosas que pensamos sobre nosotros mismos o sobre el mundo que nos rodea y que nos limitan. Están alojadas en la mente subconsciente, no se ven fácilmente. Por eso las llamamos "cuerdas invisibles", porque como tales lo que hacen es atarnos al pasado. Y suelen ser cuerdas fuertes, que provocan que cualquier esfuerzo "consciente" por cambiar una situación termine siendo bastante difícil.

En nuestros cursos vemos muchos de estos casos. Por ejemplo, alguien dice: "Mi objetivo es generar más dinero". Y al analizar sus creencias limitantes —aquello que verdaderamente piensa acerca del dinero— se encuentran conceptos tales como "ganar dinero implica mucho sacrificio", "el dinero no crece en los árboles", "la gente que tiene mucho dinero es superficial"... Es decir que su objetivo consciente se choca de frente con sus creencias limitantes. ¿Adivinas quién gana la pelea? Exacto: lo que está en el subconsciente.

¿Y si empiezas a preguntarte cuáles son tus creencias limitantes?

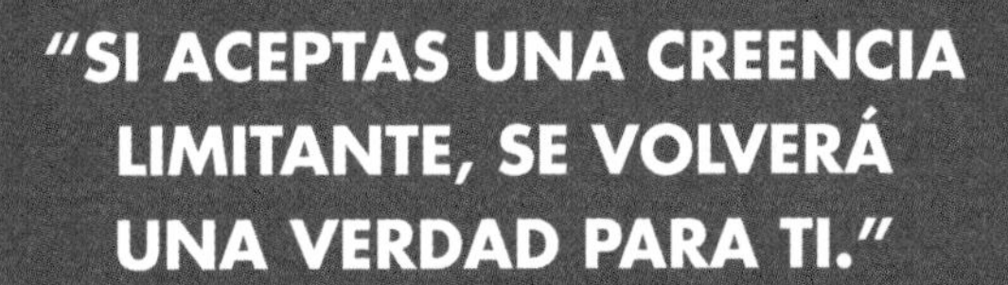

“SI ACEPTAS UNA CREENCIA LIMITANTE, SE VOLVERÁ UNA VERDAD PARA TI.”

LOUISE HAY

¿ALGUNA VEZ ESCUCHASTE HABLAR SOBRE EL "EFECTO NOCEBO"?

Casi todos hemos escuchado sobre el efecto placebo, donde se induce a un paciente a curarse pensando que está recibiendo tratamiento médico o hasta una cirugía, cuando en realidad no está recibiendo nada más que una pastilla de azúcar o un tratamiento falso.

Pero el efecto placebo tiene su lado b. Ese poder mental tan grande que puede hacer cosas sorprendentes con el cuerpo para curarlo tiene igual poder para dañarlo.

En nuestro libro *Desafiando imposibles* contamos el caso real de Nick Sitzman, un hombre que trabajaba en una compañía de ferrocarriles. Un día, por accidente, quedó atrapado en el vagón frigorífico. Hizo todo lo que pudo para salir, hasta que se dio cuenta que no saldría hasta que alguien abriera la puerta del lado de afuera, y eso recién ocurriría al otro día. Supo entonces que su destino estaba marcado: moriría congelado. La mañana siguiente abrieron el vagón y encontraron a Nick muerto. La autopsia reveló que la muerte fue por congelamiento. Pero lo increíble del caso es que también comprobaron que ese día el vagón frigorífico no funcionaba. Es decir, Nick murió "congelado" a una temperatura ambiente de 13 grados centígrados. Fueron tan fuertes sus pensamientos que su mente subconsciente los percibió como verdades, y su cuerpo simplemente respondió a eso que estaba pensando con todas sus fuerzas.

Sí, ya sabemos que es una historia bastante cruda. Pero es un caso real. Y queremos recuerdartelo no para generar morbosidad sino todo lo contrario. Para generar consciencia. Nuestros pensamientos son sumamente poderosos y si no aprendemos a guiarlos hacia buen puerto, pueden causar desastres en nuestra vida.

Las investigaciones han demostrado que cualquier sugestión negativa que hayamos recibido en la vida —por cuenta propia o por cuenta de otros— puede ser anulada si se le opone, con igual firmeza y determinación, una sugestión positiva.

¿ALGUNA VEZ TUVISTE UNA PREOCUPACIÓN O UN PENSAMIENTO NEGATIVO QUE TE DIO VUELTAS POR LA CABEZA DEMASIADO TIEMPO?

Nos referimos a esa horrible sensación de tener una idea que te causa ansiedad o angustia y que no se va, queda dando vueltas. Te vas a dormir y parece que te envolviera el cerebro. Te despiertas y sigue ahí. Sí, lo hemos vivido y sabemos que es bastante insoportable. Un famoso dicho sostiene que no podemos evitar que las aves negras nos den vueltas en la cabeza, pero podemos evitar que hagan un nido. Si pensamos en los pensamientos negativos como las aves negras, ¿qué tal si vemos cómo evitar que hagan un nido en nuestra cabeza?

Primero: ¿sabías que un pensamiento negativo puede reducir drásticamente tu inmunología? Es decir, si te quedas dándole vueltas a una idea negativa, puedes bajar tus defensas por seis horas.

Segundo: ¿sabías que la negatividad hace que liberes muchas hormonas del estrés? En exceso, estas hormonas generan todo tipo de problemas además de avejentarnos más rápido.

Tercero: ¿sabías que los pensamientos negativos funcionan como un imán que atrae eso que pensamos? La negatividad trae más negatividad, se convierte en una profecía autocumplida.

Entonces, ¿qué puedes hacer para evitar que esas aves negras se asienten en tu cabeza? Detectar esos pensamientos y luego usar una herramienta que nosotras llamamos "Las tres preguntas". Esto que estás pensando acerca de ti o del mundo que te rodea...

1) ¿te sirve o no te sirve?
2) ¿te hace sentir bien o te hace sentir mal?
3) ¿te abre los caminos o te los cierra?

Porque si no te sirve, te hace sentir mal y te cierra los caminos... ¿qué puedes hacer con ese pensamiento? ¡Desecharlo y buscar otro que te brinde posibilidades de acción!

Estudios científicos han demostrado que cultivar pensamientos y emociones positivas alarga la vida en un promedio de doce años.

Un estudio iniciado por el doctor David Snowdown de la Universidad de Minnesota se propuso investigar las causas y los efectos del Alzheimer en un grupo de monjas. Las eligieron por componer una población bastante homogénea: no fumaban, no tomaban vino, eran solteras sin hijos y tenían dietas y ocupaciones similares. Las siguieron durante quince años y una de las "muestras" más interesantes que los investigadores obtuvieron fueron sus diarios íntimos. Allí ellas escribían sus pensamientos y emociones todos los días. Al leerlos, los científicos descubrieron algo que no estaban buscando: al cruzar variables de los registros y el promedio de vida de las monjas, comprobaron que aquellas que tenían una visión de la vida más positiva, aquellas cuyos pensamientos se orientaban hacia la esperanza y la alegría, vivían mucho más tiempo que las otras. Concretamente el 90% de las monjas con pensamientos alegres vivió hasta los 85 años, un porcentaje que se redujo hasta el 43% del grupo menos feliz.

¿Y SI TE DIJÉRAMOS QUE TÚ TAMBIÉN PUEDES DESARROLLAR "LA MENTALIDAD DE LOS CAMPEONES"?

¿Quién no ha sido atrapado por la pantalla del televisor mientras algún *crack* del deporte nos deleitaba con sus movimientos magistrales? O quizás lo tuyo no es el deporte, pero te quedas anonadado viendo cómo un artista de primera línea despliega un talento que pareciera sobrenatural.

Muchas veces miramos a "los campeones" como esas personas fuera de serie, tocadas por la varita mágica, que parecen tener un "algo" que nadie más tiene. Más allá de que puedan poseer un talento innato, lo que la mayoría de los campeones tienen en común es que trabajan mucho en la programación mental para el éxito. Programan su mente para que les juegue a favor. Y detrás de su éxito hay una mentalidad que podemos aprender a usar todos.

Aquí te revelamos algunos de los secretos de la llamada "mentalidad ganadora":

1) Fomenta la apertura mental: las oportunidades aparecen cuando estamos dispuestos a verlas, y esto sucede cuando nuestro pensamiento está orientado en el sentido de que "algo bueno va a pasar".

2) Enfócate en el futuro que quieres crear, dedica tiempo para pensar en la nueva realidad que quieres construir bajo el lema "algo nuevo puedo crear".

3) Trátate con cariño cuando te equivoques, piensa "capitalizo el error, para hacerlo mejor".

4) No trates de tenerlo todo claro de entrada: algunas acciones se irán revelando a medida que avances, piensa "lo voy descubriendo al andar".

5) Recuerda celebrar cada avance, enfócate en uno o dos logros que vayas obteniendo y piensa "si logré esto, voy a poder mucho más".

6) Piensa en los obstáculos como pasos necesarios para alcanzar la meta. "Cuantas más dificultades supero, más me empodero".

7) Sigue aprendiendo siempre: los campeones nunca piensan "ya sé todo" sino "¿qué más puedo aprender?".

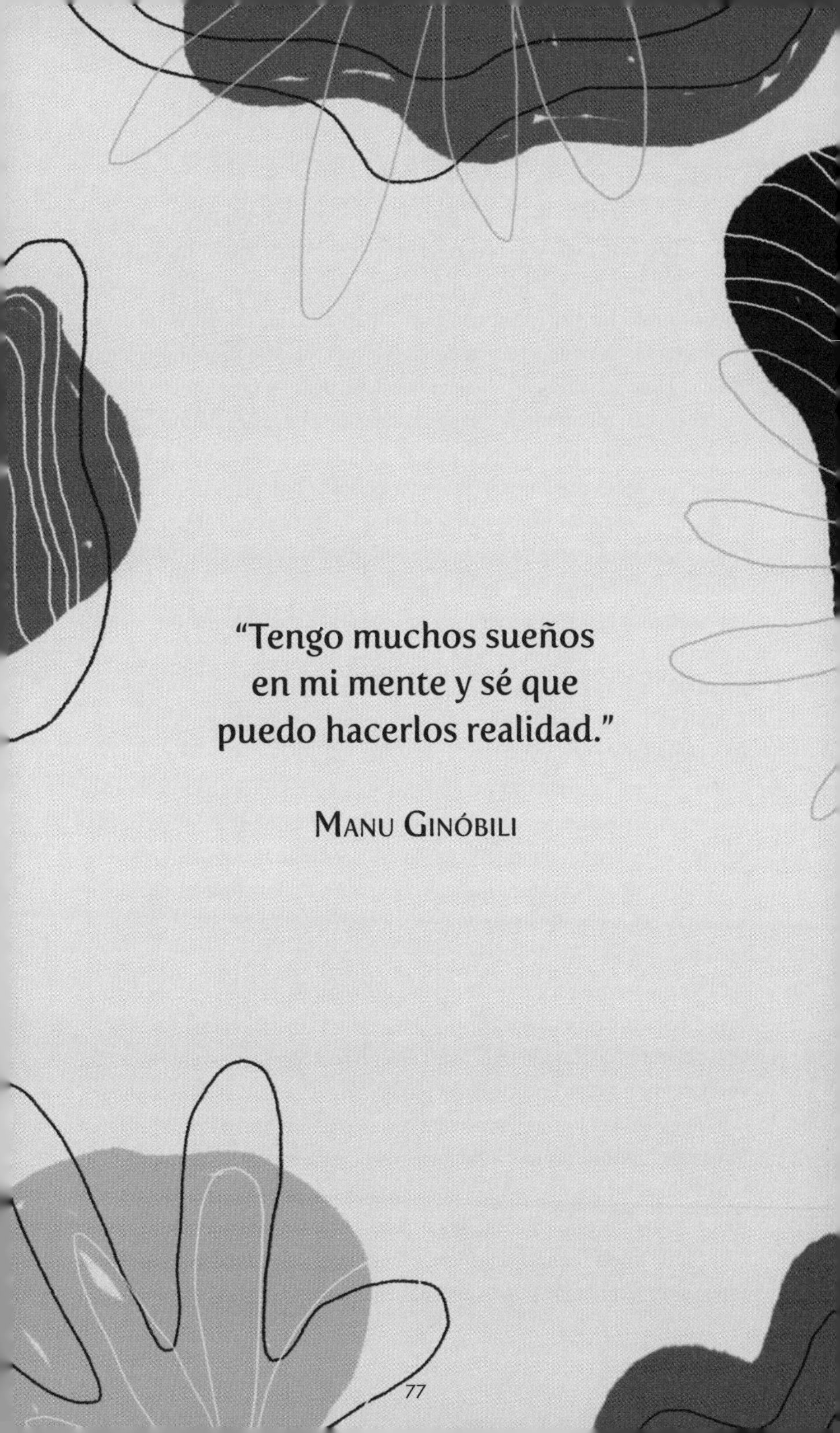

"Tengo muchos sueños
en mi mente y sé que
puedo hacerlos realidad."

MANU GINÓBILI

Tips para
USAR LAS EMOCIONES CON INTELIGENCIA

¿ALGUNA VEZ TE PUSISTE A PENSAR PARA QUÉ TENEMOS EMOCIONES?

¿Te preguntaste por qué y para qué sentimos cosas como alegría, tristeza, enojo, miedo, culpa, frustración?

Si te parece un tema "menor", prepárate para sorprenderte.

Sorprenderte al descubrir que tienes una brújula interior que funciona mejor que el GPS más sofisticado del mundo. Una brújula que cuando aprendes a decodificar, se transforma en tu mejor consejera. Que puede ayudarte a tomar las mejores decisiones. Que puede hacer que te lleves mejor con los que te rodean. Que puede transformarte en una persona imán: una persona que atraiga a los demás.

Por algún motivo, nos han enseñado más a usar nuestra mente que nuestras emociones. Como si el éxito en la vida dependiera solamente de saber usar la cabeza.

¿Y si te dijéramos que gran parte de los cambios que quieres hacer y de las metas que quieres lograr —en lo personal y lo profesional— tienen que ver con aprender a usar las emociones a tu favor? ¡Creenos!

Y si no nos crees, quizás le creas a la Universidad de Harvard, que afirma que el 75% del éxito de una persona depende del buen manejo de sus emociones.

Hoy todos —psicólogos, neurólogos y hasta escuelas de negocios— admiten que las emociones, cuando están bien usadas, abren un mundo de posibilidades increíble. ¿Y mal usadas? Mal usadas causan todo tipo de caos: caos en los ambientes de trabajo, en las relaciones personales, en la autoestima y en la salud.

Te invitamos a hacer un viaje por tus emociones.

“Vivimos en una sociedad que no nos educa para ser personas emocionalmente inteligentes. Sin embargo, la inteligencia emocional determina el éxito en la vida.”

DANIEL GOLEMAN

¿TE CUESTA ESTAR PRESENTE?

Es decir, ¿te suele pasar que mentalmente estás en el pasado —ese mensaje que te faltó responder, esa jugada que salió mal y te quedas repasando en la cabeza, esa lista de "pendientes" de ayer—? ¿O estás mentalmente en el futuro —lo que vas a comer esta noche, lo que vas a hacer en un par de horas—?

Hoy más que nunca cuesta mucho estar 100% en el momento presente. Quizás sea por el bombardeo permanente de la tecnología, o por los 350 "amigos" que tenemos en las redes sociales... todo invita a la distracción permanente, y a estar pensando en lo que quedó pendiente o en lo que resta por hacer. Y tanto estímulo termina generando ansiedad. Estar 100% presente es una de las mejores maneras de bajar la ansiedad. Y es una práctica que puede volverte muchísimo más efectivo en todo lo que hagas.

¿Por dónde empezar? Te invitamos a repetir estas tres palabras cada vez que sientas que te está costando estar presente:

ACÁ
AHORA
ESTE MOMENTO

Declara que estás acá: en este lugar. Conectado con lo que hay a tu alrededor. Las personas, los lugares, los objetos. ¿Dónde estoy? Estoy acá, leyendo este libro.

Declara que es ahora: no hay pasado ni hay futuro. Sólo presente. ¿Qué hora es? Ahora.

Declara que "eres" este momento: sí, este momento único, irrepetible, que no existió jamás y que no volverá a existir. Y que depende de ti aprovecharlo o que pase de largo... ¿Quién soy? Este momento. Estás presente. En el presente no hay lugar para la ansiedad.

Que hoy pueda estar 100% presente.

Que cuando esté con mis hijos, no esté pensando en el trabajo pendiente. Que pueda estar con ellos en cuerpo y mente, mirándolos, disfrutándolos, educándolos.

Que cuando esté en el trabajo, no me invada la culpa de no estar con mis hijos. Que pueda estar concentrado y ser creativo, resolutivo, productivo.

Que cuando esté conversando con un amigo, no quiera revisar las redes sociales a ver qué hacen mis otros "amigos". Que pueda estar conectado, escuchando, preguntando, compartiendo.

Que cuando esté tomandome un tiempo para mí, no me sienta egoísta por no dedicarlo a otras personas.
Que pueda disfrutarlo sin remordimientos, en paz, sabiendo que renovarme es respetarme.

Que cuando mi mente empiece a llevarme y traerme entre lo que ya pasó y lo que todavía no llegó, yo pueda decirle: "Para. Estoy acá. El momento es ahora. Y yo soy este momento".

¿ALGUNA VEZ SENTISTE QUE DESPUÉS DE UNA DISCUSIÓN, O DE HABER ESTADO PREOCUPADO O ANGUSTIADO, TE QUEDABA UNA NUBE PESADA EN LA CABEZA QUE NO TE DEJABA PENSAR CON CLARIDAD?

Eso hacen las emociones cuando no sabemos qué hacer con ellas. Se nos amontonan adentro. En lugar de ser como el agua que fluye, pasa y cambia de estado, se transforman en agua estancada.

Y todos sabemos lo que pasa cuando el agua se estanca...

Las emociones no son errores de la naturaleza. Y no están en nuestro sistema para complicarnos la vida. Es más bien lo contrario, están para ayudarnos. Pero se trata de un mecanismo un tanto refinado que no viene con manual de instrucciones.

Entonces se convierten en un problema. Pueden afectar nuestro estado de ánimo, nuestra salud y nuestra capacidad para pensar con claridad...

Por ejemplo, cuando tienes preocupaciones... ¿Qué haces? ¿Te angustias por demás? ¡Seguramente! Entonces es posible que le des mil vueltas al tema tratando de resolverlo en tu cabeza... y en todo caso, cuantas más vueltas le das, más te enredas, ¿no?

La mejor manera de aliviarte no es darle rienda suelta a la preocupación, sino enfocarte en la solución.

Esta noche, antes de ir a dormir, haz un par de inspiraciones profundas, deja que tu mente se aquiete y simplemente pregúntate: ¿cuál será la salida?

Una mente estresada es una mente limitada.
Una mente relajada es una mente creativa.
Una mente creativa es una mente productiva.

¿USAS LA INTUICIÓN PARA TOMAR DECISIONES? ¿CUÁNTO CONFÍAS EN TU INTUICIÓN?

Cuenta la leyenda que hace mucho tiempo las personas tenían acceso muy fácil a su intuición, pero un buen día decidieron dar prioridad total a la "razón". Dejaron de usar la intuición. Entonces los "dioses" se cansaron y decidieron ocultar esa sabiduría en un lugar donde sólo los muy comprometidos la iban a encontrar. No fue en el océano más lejano ni en las cumbres más altas, sino en lo más profundo de las personas... a casi nadie se le iba a ocurrir mirar allí.

Pero tú hoy puedes mirar ahí y descubrir el poder que tiene tu intuición. ¿Por qué? Porque es un reservorio de experiencias previas que hacen que en un instante algo "huela mal" o te dé un "buen presentimiento". Por eso, usar la intuición es capitalizar las experiencias vividas para aumentar las posibilidades de tomar las decisiones más acertadas.

La razón tiene una secuencia lógica: "Aunque ese trabajo no te guste, tómalo, tienes que pagar las cuentas". La intuición es más visceral: "Algo me dice que acá la vas a pasar mal, sigue buscando que hay un trabajo mejor para ti muy cerca".

Hay una forma de acceso rápido a la intuición, y consiste en formularte ciertas preguntas justo antes de irte a dormir:

- ¿Qué debería hacer ahora?
- ¿Es buena idea entablar una relación con esta persona?
- ¿Cuál será el mejor título para nuestro libro?

Formula tu pregunta...

Y deja que tu intuición responda.

Tal vez lo haga de diferentes formas: puede ser mediante un pálpito, una imagen, un pensamiento o simplemente una emoción que te diga "Es por aquí", "No tomes este camino" o "Espera un poco más".

"La intuición es un don sagrado,
la razón es su fiel sirviente.
Pero hemos creado una sociedad
que honra al sirviente y ha olvidado
al don sagrado. Las ideas y decisiones
más importantes surgen de la intuición."

Albert Einstein

LA GRAN PLAGA

Los médicos dicen que la gran plaga de nuestra época se resume en una palabra. Empieza con "e" y termina con "s". Dicen que es la fuente de casi todas las enfermedades actuales. Y que aun en bajas dosis, afecta de manera negativa varios aspectos de nuestra vida: la productividad, la capacidad de pensar con claridad, la calidad de nuestras relaciones personales, nuestra capacidad de disfrute y hasta nuestra sexualidad.

¿Adivinaste?

Sí, estamos hablando del estrés.

El gran problema de esta plaga silenciosa es que la hemos normalizado. Y, a veces, hasta venerado. Para algunos estar estresado es sinónimo de estar haciendo cosas importantes. Sin embargo, toda la investigación reciente demuestra que estar estresado es estar limitado. Limitado en la capacidad mental, emocional y física.

La buena noticia: hay prácticas sencillas que pueden ayudarte a bajar el estrés de manera notable. ¿Para qué? Para recuperar la calma, bajar la ansiedad, acceder a tu verdadero potencial mental, activar los mecanismos de recuperación del cuerpo... y vivir una vida mejor.

¿Por dónde empezar? Por reconocer tu nivel de estrés. Del 1 al 10, ¿cuán estresado sientes que estás? Ponte un puntaje. Y si pudieras identificar qué situaciones y/o personas son las que más estrés te producen, ¿cuáles serían?

Bien. Buen primer paso.

No desesperes. En las próximas páginas vamos a ayudarte a bajar varios puntos tu nivel de estrés (y, por ende, subir varios puntos en tu nivel de bienestar).

"El estrés es una epidemia que está causando el 90% de todas las visitas a los médicos."

Harvard Medical School

CONTROLAR LA ANSIEDAD DESDE LA RESPIRACIÓN

¡Cuántas veces queremos hacerlo pero algo nos detiene! Y no es por falta de voluntad. Muchas veces nuestro gran enemigo es la ansiedad.

Ansiedad: esa sensación de apuro permanente, esa urgencia por responder, ese miedo por no llegar a tiempo, ese acelere interno que no te deja descansar bien, esa presión de que tienes que estar en todo, y que paradójicamente no te permite estar plenamente presente en nada.

¿Cuáles son las consecuencias de la ansiedad? Existe un amplio abanico, que puede ir desde una noche de insomnio hasta aumento de peso innecesario, desde la pérdida de pelo hasta la pérdida de confianza, desde la contracción en nuestra capacidad mental hasta la disminución de nuestra destreza física.

¿Hay antídotos para este mal moderno? Sí, son métodos simples y poderosos. Pero sólo funcionan si los usas. Además de leer sobre esto, tienes que usarlos.

Empecemos por el primero. La mejor manera de bajar la ansiedad es usando la respiración a tu favor. Una respiración a la que llamamos "inhalo lo que necesito, exhalo lo que no necesito". Es tan simple como pensar en la palabra que necesitas mientras inhalas, y pensar en la palabra que no necesitas al exhalar. Por ejemplo:

INHALO CALMA
EXHALO NERVIOS

Prueba. Haz varias respiraciones profundas pensando en la palabra que necesitas al inhalar y exhalando —sacando de tu cuerpo— aquello que no necesitas.

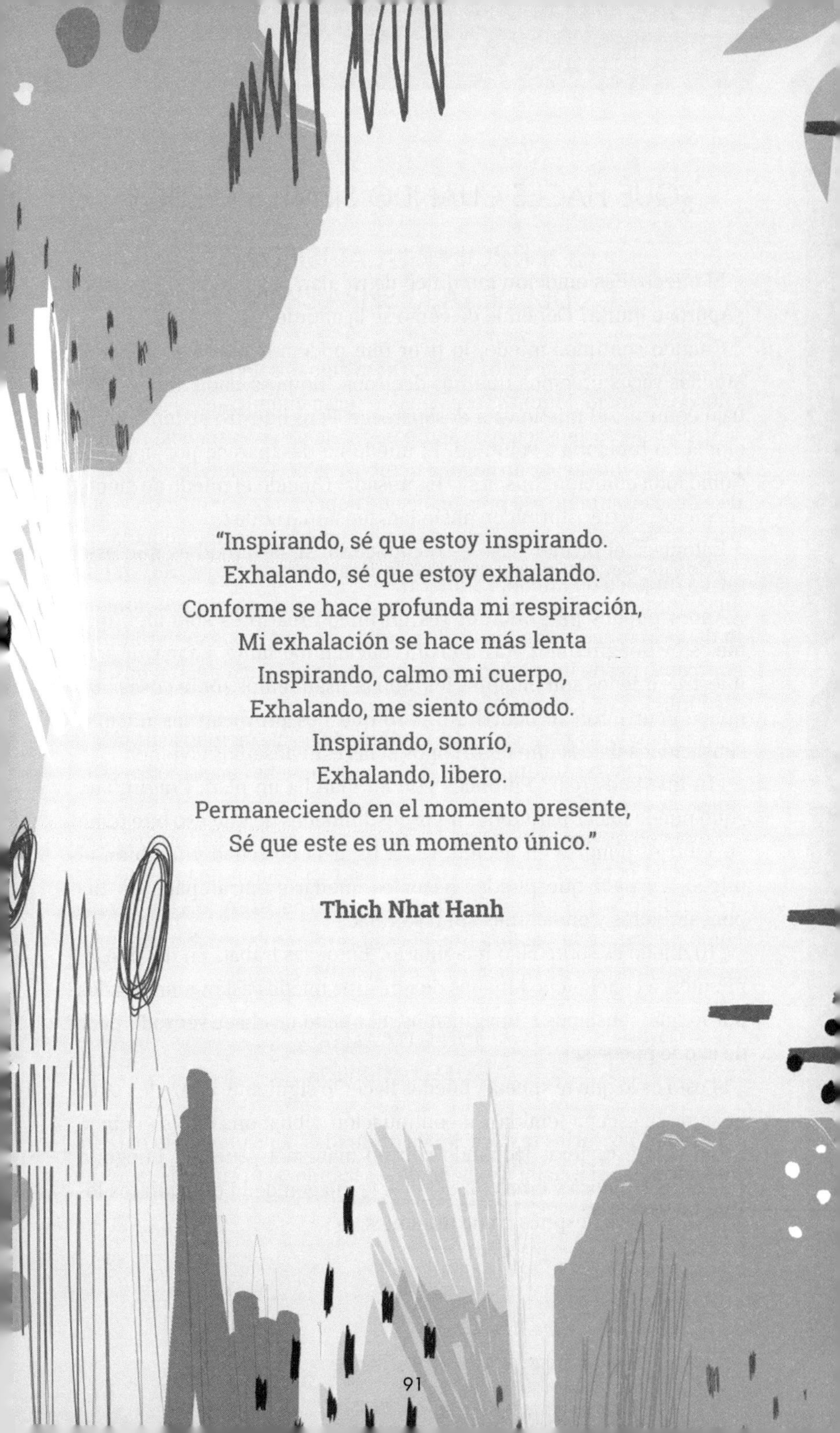

"Inspirando, sé que estoy inspirando.
Exhalando, sé que estoy exhalando.
Conforme se hace profunda mi respiración,
Mi exhalación se hace más lenta
Inspirando, calmo mi cuerpo,
Exhalando, me siento cómodo.
Inspirando, sonrío,
Exhalando, libero.
Permaneciendo en el momento presente,
Sé que este es un momento único."

Thich Nhat Hanh

¿QUÉ HACES CUANDO SIENTES MIEDO?

El miedo. Esa emoción tan difícil de rotular. ¿Es buena? ¿Es mala? ¿Aporta o limita? Depende de cómo se la aborde.

Cuando sentimos miedo, lo peor que podemos hacer es negarlo. Muchas veces creemos que por decirnos "no pasa nada, tengo todo bajo control", el miedo va a desaparecer. Pero nuestro sistema emocional no funciona a voluntad. El miedo no desaparece por negarlo. Como toda emoción, busca ser expresada. Cuando el miedo se siente "negado", se transforma en ansiedad, tensión, rigidez...

Entonces, el primer paso es reconocerlo: sí, la verdad es que esto me da un poco de miedo. ¿Y ahora?

Ahora puedes preguntarte: ¿es un miedo real o es sólo algo que me estoy imaginando? Hay una diferencia importante. La mayoría de nuestros miedos son imaginarios. Son pensamientos sobre cosas que nunca ocurrieron ni ocurrirán, pero que nos provocan las mismas sensaciones físicas que tendríamos si las estuviésemos viviendo.

¿Tu miedo es real? Entonces pon en marcha un plan. Pregúntate: ¿qué puedo hacer para reducir las posibilidades de que eso que temo suceda? Al ponerte en acción, vas a bajar la ansiedad y también el miedo. Lo peor que puedes hacer es quedarte entrampado en tus pensamientos y emociones sin hacer nada.

¿Tu miedo es sobre algo imaginario? Entonces trabaja en tus pensamientos, a conciencia. Muchos de nuestros miedos están alimentados por lo que pensamos e imaginamos. El miedo nos hace ver todo peor de lo que puede ser.

Si esto es lo que te sucede, puedes hacer lo siguiente: cierra los ojos, imagina la escena temida y a continuación dibuja una equis encima, como si la estuvieras tachando con un marcador grueso... Luego, a conciencia, piensa y crea con detalles la imagen de lo que quieres lograr. Y observa después cómo te sientes.

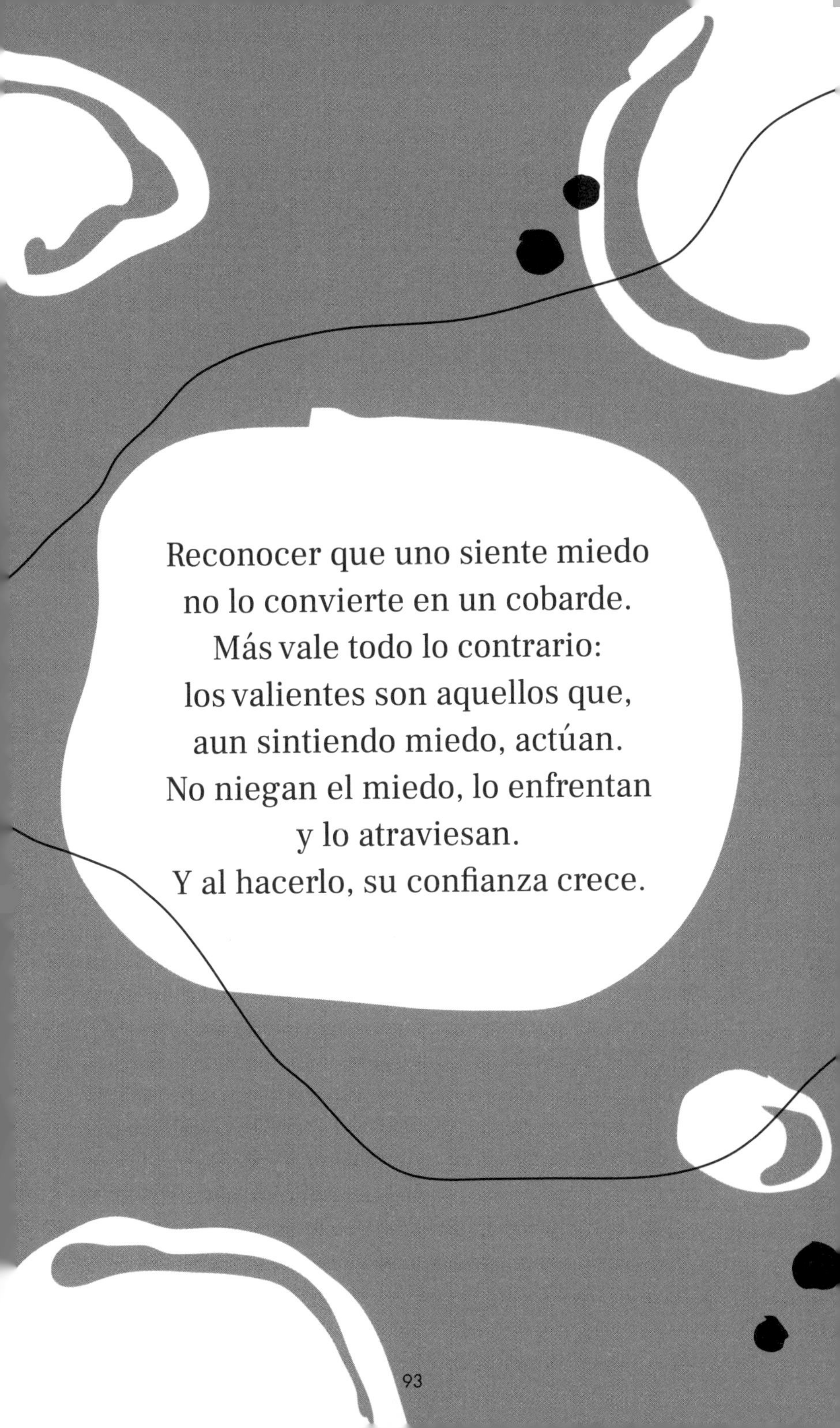

Reconocer que uno siente miedo
no lo convierte en un cobarde.
Más vale todo lo contrario:
los valientes son aquellos que,
aun sintiendo miedo, actúan.
No niegan el miedo, lo enfrentan
y lo atraviesan.
Y al hacerlo, su confianza crece.

LOS BENEFICIOS SORPRENDENTES DE LA MEDITACIÓN

¿Meditas? Si eres como la mayoría de la gente, tu respuesta es no. O quizás contestes algo como "Sí, lo intenté pero no funcionó... eso de andar pretendiendo acallar la mente no es para mí".

Pretender que nuestra mente quede vacía de pensamientos es casi como pedirle al corazón que deje de latir. Meditar no es suprimir los pensamientos. Meditar es observar conscientemente los pensamientos y no aferrarse a ninguno. Es tan simple como sentarse a mirar pasar los pensamientos, como quien ve pasar el tráfico en una avenida.

Si lo intentaste y "fracasaste" porque en cuanto arrancaste a meditar empezaste a pensar "¿qué fue ese ruido?... es el ascensor, debe estar llegando mi vecino de trabajar... ¿ves? Ya estoy pensando en cualquier cosa... ¿A quién quiero engañar? Soy un desastre meditando. Renuncio", tranquilo. Es sólo cuestión de práctica. Hay días en que te va a salir mejor y días en que no tanto. Pero no importa cómo te salga. Lo que importa es que lo hagas. Porque lo que realmente importa no es lo que ocurre durante la meditación, sino el efecto posterior... que se queda contigo por el resto del día.

Hay muchas formas de meditación y hay muchos sitios online que te pueden enseñar lo básico para empezar ya.

Para qué, te preguntarás...

Para obtener los beneficios que hoy las neurociencias afirman que se experimentan al desarrollar una práctica de meditación diaria. Sólo diez minutos por día producen un impacto muy alto en la salud, en el nivel de concentración y de energía, en el estado de ánimo y en la productividad laboral. ¿Será por eso que muchas de las grandes empresas, como Google, Nike, Deutsche Bank, Procter&Gamble y Apple, están enseñando a todos sus empleados a meditar? ¿Será por eso que muchos deportistas de elite —como Novak Djokovic, Lebron James, Maria Sharapova y tantos otros —incluyen la meditación como parte esencial de su preparación mental para la alta competencia?

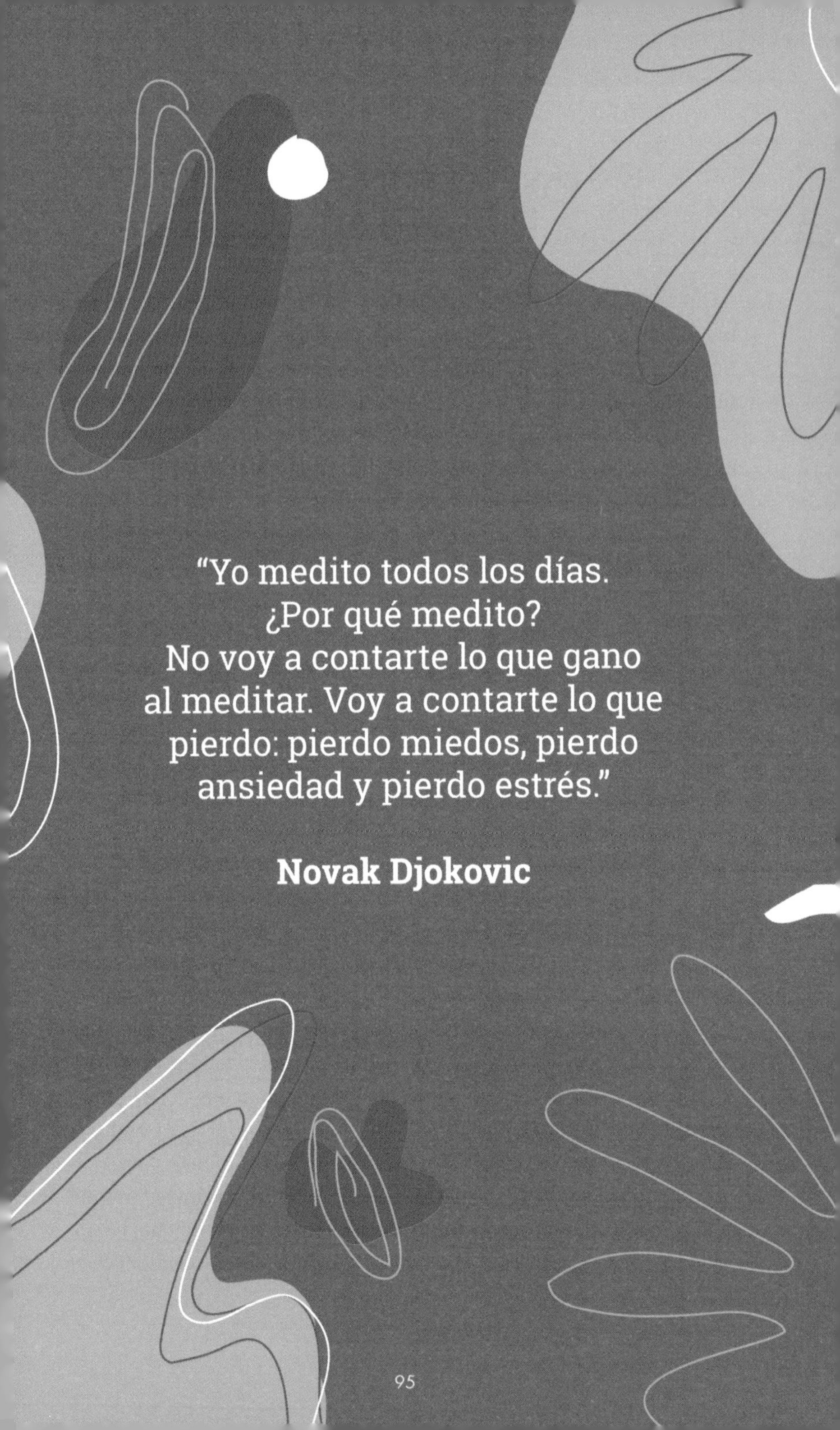

"Yo medito todos los días.
¿Por qué medito?
No voy a contarte lo que gano
al meditar. Voy a contarte lo que
pierdo: pierdo miedos, pierdo
ansiedad y pierdo estrés."

Novak Djokovic

LOS OPTIMISTAS CORREN CON VENTAJA

Qué difícil es ser optimista en los tiempos que corren. Sí, lo sabemos. Pero practicar el optimismo tiene un impacto tan alto en nuestros resultados en la vida que queremos proponerte aumentar tu optimismo.

¿Por qué es tan importante practicarlo? Algunos datos: el optimismo es la actitud más importante de los emprendedores exitosos. Es la cualidad más importante para salir adelante en momentos de crisis. Es la antesala de los descubrimientos. Es uno de los ingredientes para alcanzar metas. Es, según la Universidad de Harvard, un factor clave en la salud: los optimistas tienen mucho menos riesgo cardíaco que los pesimistas. Además, los optimistas son personas magnéticas que resultan naturalmente atractivas a los demás. En síntesis: los optimistas la pasan mucho mejor.

Imaginando a tu crítico interior mirando casi de reojo esta página, vamos a responder algunas de sus dudas. La más importante de todas quizás: sí, se puede aprender a ser optimista. Sí, más allá de tu temperamento natural, más allá de tu historia personal, de tu pasado y de tus circunstancias actuales.

El optimismo es una cualidad que se puede aprender.

¿Cómo? Imitando a los optimistas. Que no son los tontos que no ven las dificultades, sino los que viendo los obstáculos imaginan una salida. Y la buscan activamente. Y la encuentran, y si no la encuentran, la crean. Los optimistas ven los obstáculos como algo temporario, como algo a ser superado y confían en su capacidad para sortear esa dificultad. Por ende, multiplican sus chances de lograrlo. Los pesimistas ven los obstáculos como algo permanente, y los toman como señales de que están fracasando.

Si quieres transformarte en un optimista, pasa mucho tiempo con personas positivas. Acuérdate de que terminamos pareciéndonos mucho a las personas que vemos con mayor frecuencia.

El optimismo te permite ver y crear posibilidades donde otros sólo encuentran dificultades. Es como un imán que atrae lo bueno a tu vida.

QUÉ DIFÍCIL ES SENTIRTE CENTRADO Y EN CALMA CUANDO TIENES VARIOS EPISODIOS DE ENOJO O IRRITACIÓN EN EL DÍA, ¿NO?

En realidad, el problema no es sentir enojo o irritación, que por cierto son emociones naturales. El problema no es la emoción, sino lo que hacemos con ella. Y la realidad es que la mayor parte de la gente no tiene ni idea de cómo canalizar enojos o irritaciones de manera productiva. Cuando en nuestros cursos preguntamos "¿Quién suele 'tragarse' sus enojos? ¿Quién prefiere no decir nada cuando está muy enojado por miedo a no saber cómo hacerlo, a herir a otros o simplemente para evitar confrontar?", la gran mayoría de la sala levanta la mano.

¿Será porque de chicos nos enseñaron a callar lo que sentimos? Especialmente cuando es algo negativo. ¡Deja de llorar, no estés triste, cambia esa cara de enojado! Y así, desde muy temprano, aprendemos a tapar lo que sentimos, o no tenemos la menor idea de cómo expresarlo.

Sucede mucho con el enojo... O lo ocultamos y reventamos por dentro, o lo expresamos y explotamos por fuera. Entonces el enojo, el enfado, el disgusto o como quieras llamarlo se convierte en un problema.

¡Pero el enojo bien entendido es una de las emociones básicas más necesarias para marcar límites! Sientes enojo cuando ves que alguien no respetó algo que para ti es importante. Si alguien te trata mal o de manera injusta o simplemente te invade, es bueno que sientas enojo. Es la emoción que te indica que es momento de que protejas algo valioso.

La próxima vez que estés enojado pregúntate qué cosa importante te han trastocado. ¿Tu confianza? ¿Tu integridad? ¿Tu autorrespeto? ¿Tu espacio? ¿Tu tiempo?

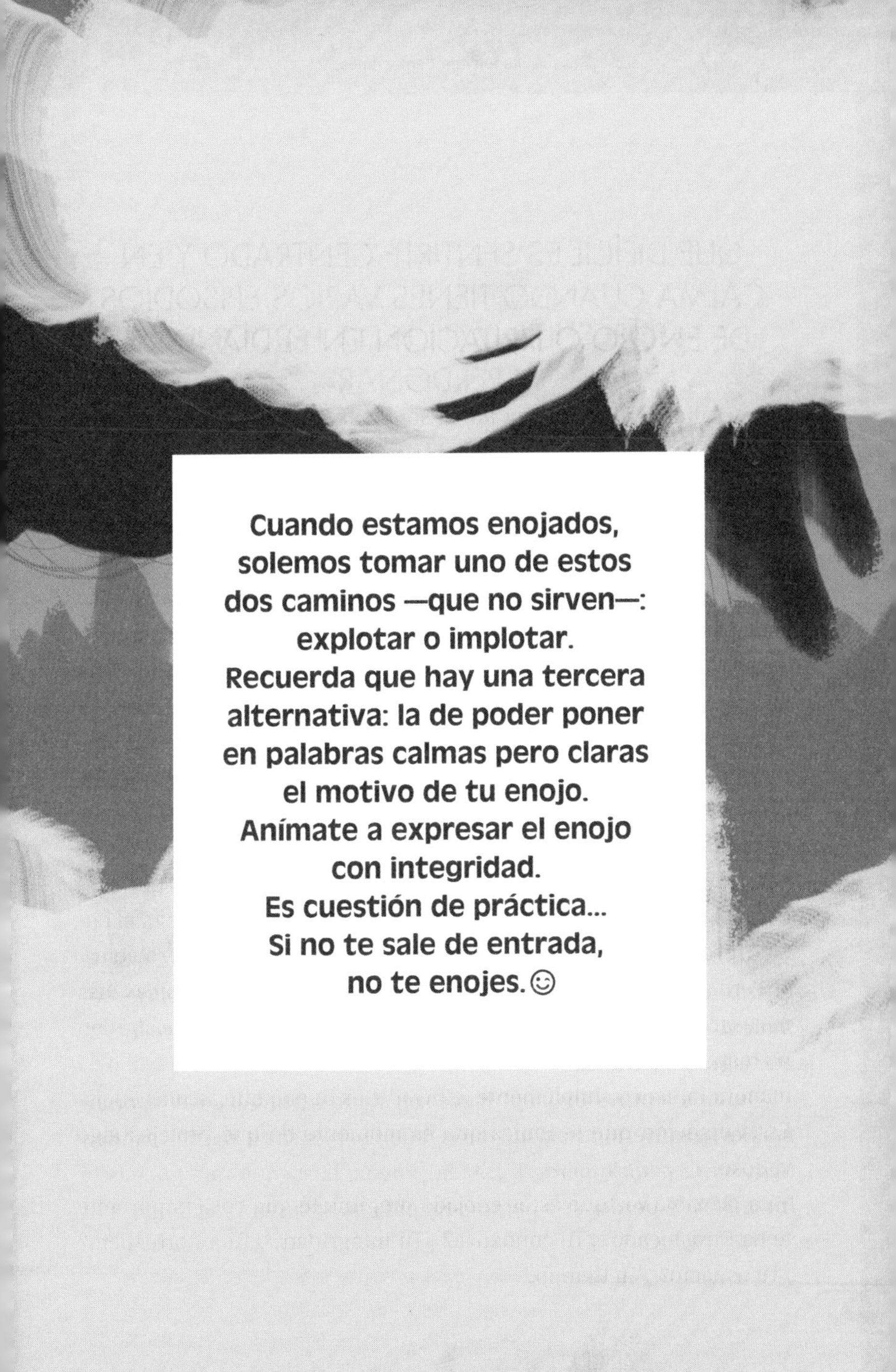

Cuando estamos enojados, solemos tomar uno de estos dos caminos —que no sirven—: explotar o implotar. Recuerda que hay una tercera alternativa: la de poder poner en palabras calmas pero claras el motivo de tu enojo. Anímate a expresar el enojo con integridad. Es cuestión de práctica... Si no te sale de entrada, no te enojes.☺

¿TE RESULTA FÁCIL PEDIR PERDÓN? ¿Y PERDONAR?

El perdón: una de las prácticas que más rápido restauran la armonía emocional. La falta de perdón: uno de los hábitos que más rápido nos roban la calma interior.

No decimos que perdonar sea siempre fácil. Si alguien te ha herido mucho, es difícil perdonar.

Pero no perdonar es aun más pesado: es como seguir invitando a tu agresor a participar de tu vida activamente. Lo tienes metido en tu casa, en tu cabeza y en tu alma... Aunque no lo veas, está ahí todo el tiempo, ocupando un lugar en tu vida.

¿Y cómo haces para sacarlo? Entendiendo que quien más gana al perdonar eres tú.

Perdonar no es aceptar o validar lo que otra persona te hizo.

Perdonar tampoco es resignarse.

Perdonar es... liberarse.

Te liberas de seguir cargando con ese recuerdo que te hace mal, te liberas de seguir cultivando emociones tóxicas. Te liberas del re-sentimiento: de volver a sentir la bronca, el dolor, la furia o la decepción que alguien te causó.

¿Quieres sentirte aliviado? Piensa en alguien a quien desees perdonar hoy, incluyéndote a ti mismo si quieres. Piensa en alguien a quien te gustaría pedirle perdón. Haz la prueba, basta con que pongas la intención de perdonar o perdonarte para que así sea.

Perdonar es dejar de esperar que el pasado sea diferente.

El pasado no va a cambiar. Pero el futuro puede ser totalmente diferente si decides, a conciencia, perdonar.

¿Y QUÉ HAY QUE HACER CUANDO NOS SENTIMOS FRUSTRADOS?

Sabes de lo que hablamos cuando hablamos de frustración. Es esa sensación desagradable de que no podemos conseguir lo que queremos. Que aunque ya lo intentamos mil veces, no sale.

Cuando te das cuenta de que lo que quieres hacer puede llevar mucho más tiempo del imaginado. Cuando te cuesta esperar... esperarte... Y justo en estos tiempos, donde todo es instantáneo: el chat, el mensaje de texto, el microondas...

Todo tiene que ser ahora.

Entonces nos invaden la impotencia y los pensamientos del tipo "¡No puedo, es complicado, esto no es para mí, por más que lo intento es imposible!".

¿Qué puedes hacer cuando te sientes así?

Recuerda este dato: la frustración es energía que el cerebro necesita para permanecer enfocado en una tarea. Sí, así como lo escuchas: la frustración es el combustible de la concentración.

Entonces, cuando buscamos "cortar" la frustración y desconectarnos de esa emoción que nos parece horrible, también nos desconectamos de esa fuente de energía que estaba llenando al cerebro de la motivación necesaria para finalmente lograr la meta.

Imagínate un chico de cinco años aprendiendo a atarse los cordones. Prueba una vez, no le sale. Prueba dos, tampoco. A la tercera ya ves que los cachetes se le empiezan a poner colorados por el enojo y ahí vas tú al rescate. "Deja que yo te ayudo". Listo, en treinta segundos los cordones están atados. La frustración desapareció. Pero atención: también desapareció la corriente de energía que estaba recibiendo su cerebro para alcanzar la meta.

A los adultos nos pasa lo mismo.

**LA PRÓXIMA VEZ QUE TE SIENTAS FRUSTRADO, APROVECHA ESA ENERGÍA PARA REDOBLAR TUS ESFUERZOS.
PRUEBA UNA VEZ, Y OTRA VEZ, Y MIL VECES MÁS HASTA ALCANZAR EL OBJETIVO.
LA FRUSTRACIÓN ES UNA SEÑAL QUE NECESITA TU CEREBRO PARA PERMANECER ENFOCADO.
ENTONCES LA IMPOTENCIA SE TRANSFORMA EN DETERMINACIÓN.
¡Y TU DETERMINACIÓN TE LLEVA A LA AUTORREALIZACIÓN!
SI DEJAS DE MIRARLA DE REOJO CON CIERTO DESPRECIO Y EMPIEZAS A ENTENDER PARA QUÉ SIRVE, LA FRUSTRACIÓN PUEDE SER LA FUENTE MÁS PODEROSA PARA OBTENER RESULTADOS.**

¿CÓMO ESTÁ TU NIVEL DE ENTUSIASMO?

El entusiasmo es el gran motor de los logros, el combustible de los proyectos. Es la energía que hace que saltes de la cama al amanecer para escribir tu libro y que des gracias al anochecer por el camino recorrido.

¿Sabes cuál es la etimología de la palabra "entusiasmo"? *En Theos*, es decir, "Dios en nosotros". ¿Será por eso que se dice que nadie puede hacer algo grande sin entusiasmo? Es como una llama interior que nos impulsa hacia delante.

Pero a veces puede parecer que ese fuego "sagrado" se extinguió... Que lo perdimos... Que no da para más.

Tenemos una buena noticia: no se terminó, se adormeció. Y como todo fuego, necesita que soples las brasas para volver a encenderse. Aquí te vamos a dar cinco claves para volver a despertar tu entusiasmo que no fallan jamás:

- Tener un sueño bien definido: tomate tu tiempo para ponerle detalle, colores, números...
- Trabajar en un proyecto que te motive; si todavía no lo tienes, imagínalo, búscalo, créalo.
- Aprender de aquellos que te inspiren: estudia la vida de personas que te eleven, recuerda que el éxito deja pistas, aprende de los que saben.
- Buscar la compañía de gente que sea tan buena o mejor que tú. No tengas miedo de no estar a su altura, todo lo contrario: cuando te rodeas de gente capaz, tú eres capaz de lograr cosas que solo no lo harías.
- Visualizar tu meta antes de alcanzarla... e imaginarte lo bien que te vas a sentir una vez lograda.

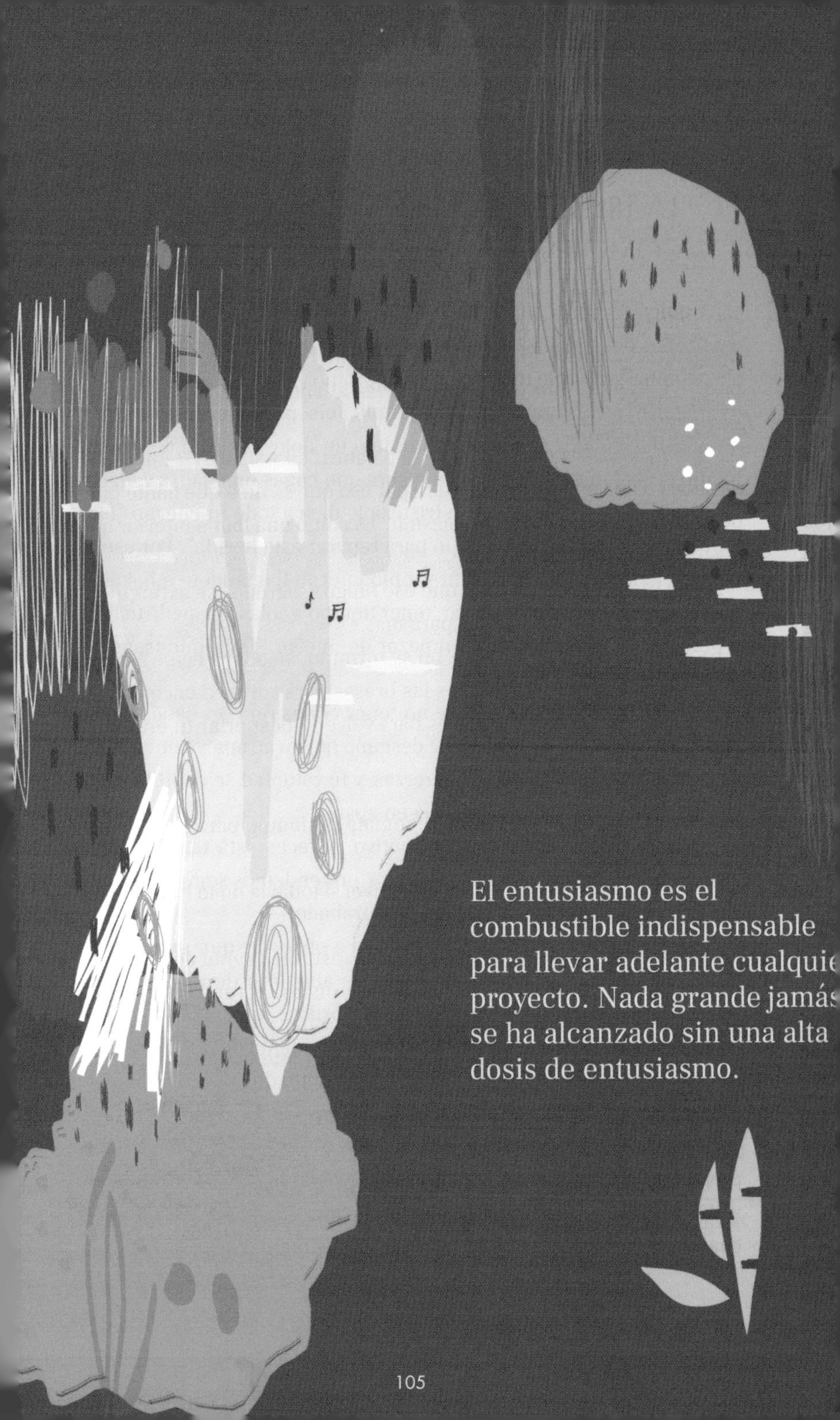

El entusiasmo es el combustible indispensable para llevar adelante cualquie proyecto. Nada grande jamás se ha alcanzado sin una alta dosis de entusiasmo.

LA TRISTEZA NO TIENE BUENA PRENSA

¿A quién le gusta andar bajoneado, con el corazón estrujado y los ojos llenos de lágrimas? La tristeza no es la emoción más seductora... y, sin embargo, suele tener un rol importante.

Muchas veces surge de un hecho explicable: perdiste algo o alguien que amabas, o una situación te produjo un dolor total... En ese momento el "bajón existencial" viene para que hagas una pausa y elabores el duelo. La emoción de la tristeza le dice a todo tu cuerpo "baja un cambio, necesitamos tiempo para reparar esta herida". Por eso tu energía física disminuye. Es tu propio cuerpo llamándote a hacer lo que necesites para sanar: llorar, tener tiempo a solas, despedirte bien o poner fin a una relación y empezar de nuevo... Para que transformes tus heridas en sabiduría.

Otras veces la tristeza parece no tener conexión con nada. Puede empezar como una sensación de desgano que te atrapa, te envuelve y de pronto te habita: te deja sin fuerzas, y tu voluntad se debilita. Es la tristeza que transforma tu energía en apatía.

Sin embargo, siempre hay un motivo. A veces está tan guardado que en apariencia lo hemos olvidado. Y pretendemos seguir adelante como si nada... pero todo parece estar trabado.

¿Una clave para destrabarte? Empieza a observar qué piensas durante todo el día. ¿Son pensamientos de aliento o de descontento? ¿Son pensamientos positivos o en su mayoría negativos?

Si puedes hacer este ejercicio, te vas a dar cuenta de que esa tristeza que surge de modo inesperado no tiene tanto que ver con lo que te pasa, sino con cómo interpretas lo que te pasa.

Pregúntate, frente a esto que te sucede: ¿cuál sería la mejor interpretación? La que me abra caminos nuevos. La que me permita oxigenar mi vida... Si cambias la interpretación, cambias la emoción. Y cuando cambias la emoción, cambias tu posibilidad de acción.

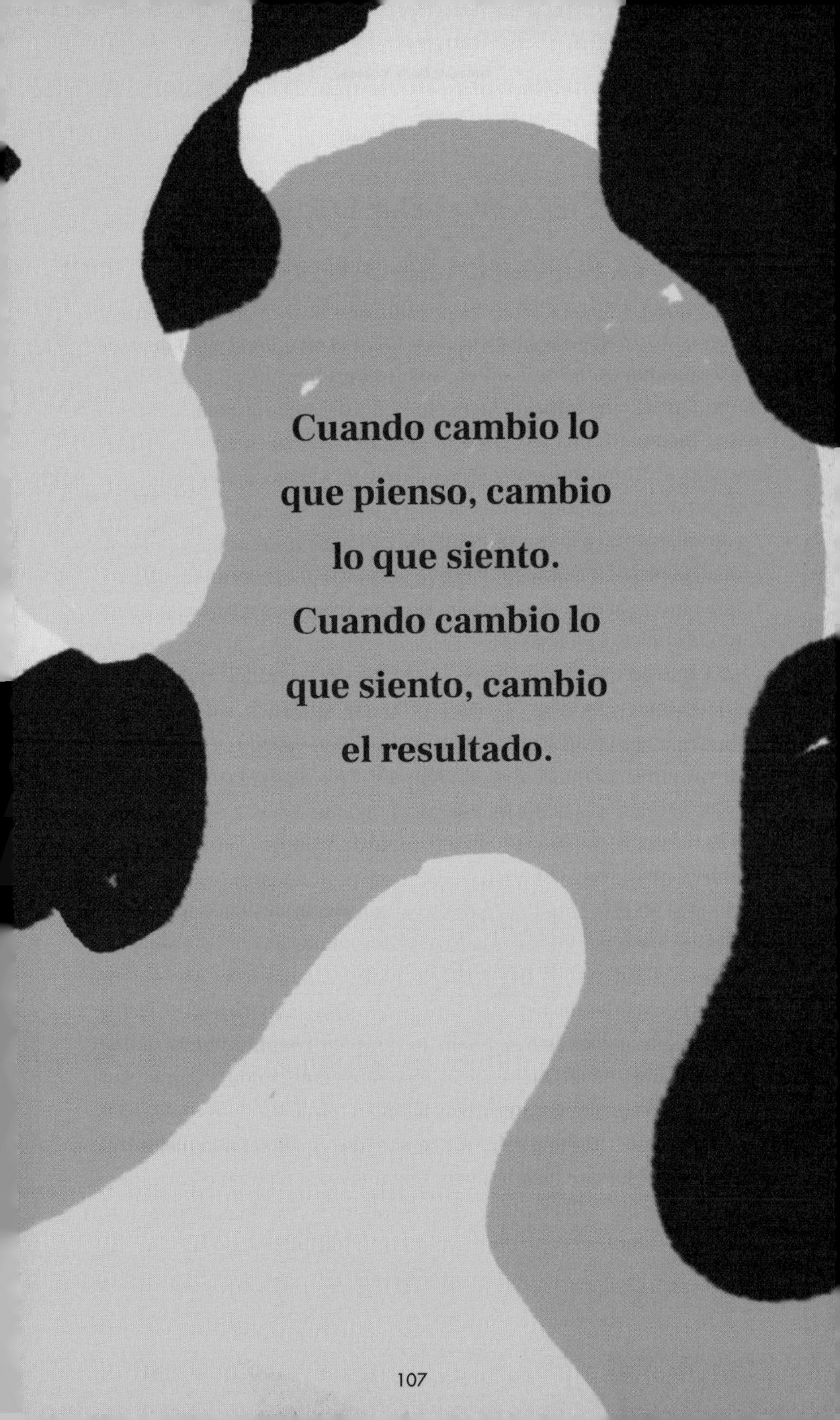

Cuando cambio lo que pienso, cambio lo que siento. Cuando cambio lo que siento, cambio el resultado.

LA BÚSQUEDA DE LA FELICIDAD

Si se hiciera una encuesta en el mundo entero preguntando ¿cuál es tu emoción preferida?, creemos que el primer puesto lo ganaría la alegría, prima hermana de la felicidad. La alegría: esa sensación que experimentamos cuando creemos que algo bueno va a suceder o ya sucedió. Esa emoción que nos renueva y nos llena de energía positiva. ¿Notaste cómo todo parece mejor cuando estás contento?

Curiosamente, a los seres humanos nos suelen invadir con más facilidad las emociones negativas que las positivas. Entonces, una gran misión que tenemos si queremos ser más felices es sentir más a menudo la emoción de la alegría.

¿Y cómo se redobla la alegría? Celebrando y agradeciendo. Suena fácil, pero no lo es tanto. Como tenemos la tendencia a dar por sentado todo lo bueno que nos rodea, esto que te estamos proponiendo implica romper con la inercia, dejar de estar distraído y despertar. Despiértate y date cuenta de todo lo bueno que ya tienes. No esperes a que la vida te sacuda con algo para darte cuenta de cuántas cosas buenas tenías. Date cuenta hoy.

Si todos los días empiezas y terminas el día agradeciendo por lo que tienes, la emoción de la alegría va a estar cada vez más presente en tu día.

¿Quieres ser más alegre? Transforma la gratitud en un hábito. Habla de las cosas buenas que te pasaron, piensa en todo lo bueno que te rodea, ponlas por escrito y agradécelas. El simple hecho de agradecer todos los días por lo que tienes —a Dios, a la vida, a quienes te rodean y/o a ti mismo— es la mejor manera de dejar de darlo por sentado... y de hacer que todo lo bueno que te rodea te llene de alegría.

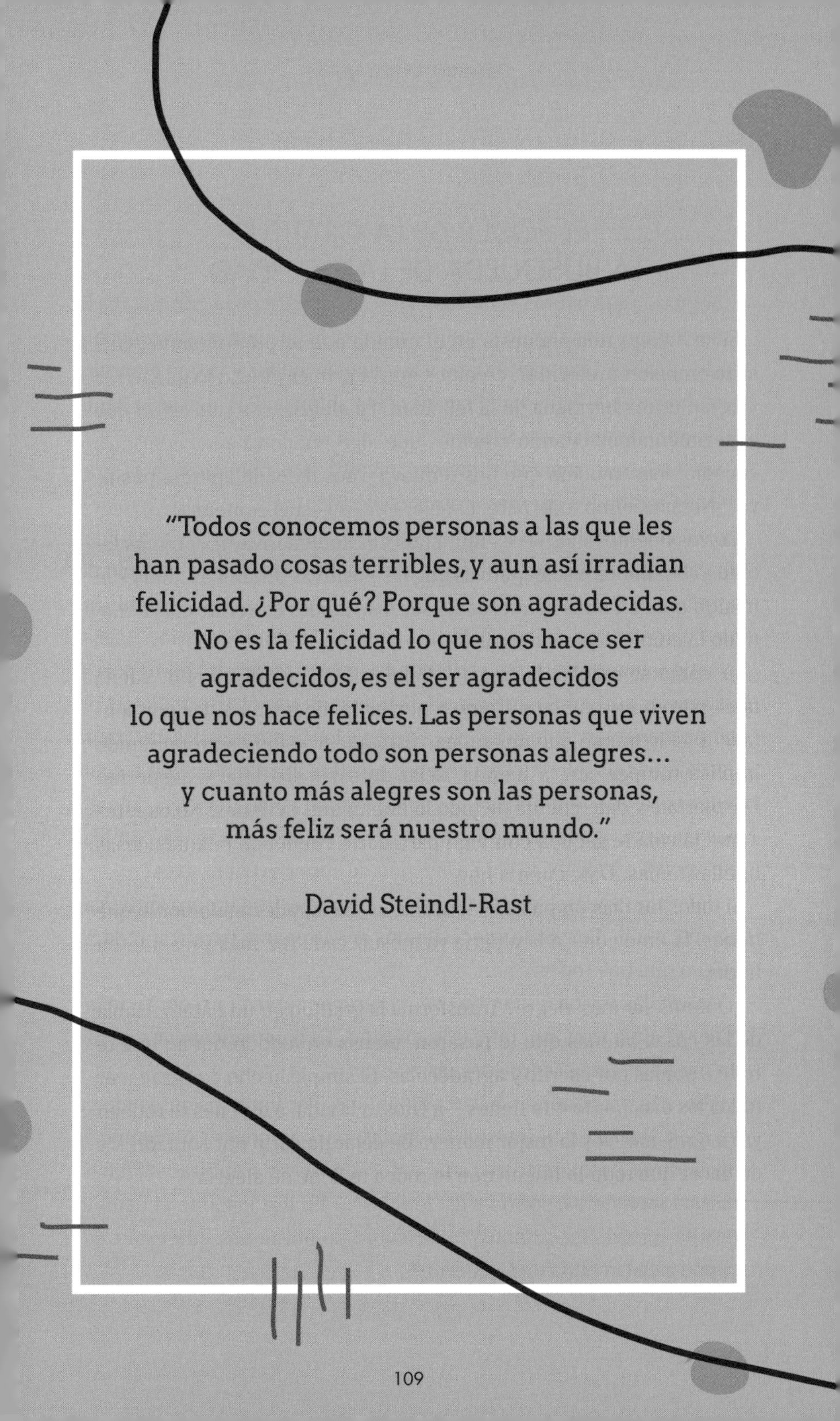

"Todos conocemos personas a las que les han pasado cosas terribles, y aun así irradian felicidad. ¿Por qué? Porque son agradecidas. No es la felicidad lo que nos hace ser agradecidos, es el ser agradecidos lo que nos hace felices. Las personas que viven agradeciendo todo son personas alegres... y cuanto más alegres son las personas, más feliz será nuestro mundo."

David Steindl-Rast

EL PODER DE LA GRATITUD

Seguramente habrás leído algo sobre los efectos de la gratitud. Es la emoción que más rápido restaura vínculos, la que genera pertenencia en los grupos, la que mantiene a las parejas unidas y la que aumenta nuestro nivel de felicidad de manera instantánea. Por algo se la llama "la madre de todas las virtudes".

Sin embargo, seamos sinceros: ¿cuánto foco ponemos en la gratitud? Cuando les cuentas a otros cómo fue tu día, ¿eres de hablar y agradecer todas las cosas buenas que te pasaron? Cuando vas a tomar un café con un amigo, ¿la mayor parte del tiempo hablas en tono de agradecimiento de las cosas de tu vida? Cuando hablas sobre tu trabajo con otras personas, ¿eres más agradecido que quejoso? ¡Jajaja! ¡No, no tenemos un espía vigilando las conversaciones con tu pareja o tu mejor amigo! Es que los seres humanos somos especialistas en ver primero todo lo negativo. Es así desde los tiempos de las cavernas: necesitábamos que nuestro cerebro prestara mucha atención a cualquier cosa que pudiera ser negativa. Porque cualquier cosa "mala", por ejemplo, ruido de animal salvaje, sabor extraño en la comida, etc., podía costarnos la vida. Cuestión de supervivencia, ¿ves?

Hoy ya no vivimos en las cavernas. Pero nuestro cerebro sigue cableado igual. Por ende, necesitamos reentrenarlo para ver todo lo bueno que nos rodea.

Una de las mejores maneras de reentrenar a nuestra mente y mantener el alma sana es cultivar la gratitud. Es como encender una luz en medio de una caverna oscura.

Ahora te proponemos hacer algo juntos. Por unos instantes cierra los ojos. Busca en tu interior un motivo para agradecer. Y cuando lo encuentres, permanece un ratito enfocado en eso. Captura imágenes, rescata momentos, sonríe y di "gracias"... En ese instante el cambio resulta inmediato. ¿Sientes la descarga de hormonas que están llegando a cada célula de tu cuerpo?

Imagínate la gratitud como la
llave de acceso a una nueva vida.
Una vida plena. Una vida rica.
Una vida con sentido.
De sobrevivir a vivir
intensamente.
Del pesimismo al optimismo.
De la escasez a la abundancia.
Del miedo al amor.
¿Usarías la llave para entrar
a ese lugar?

Tips para
TENER MÁS ENERGÍA

¿ERES DE LOS QUE SIEMPRE TIENEN ENERGÍA PARA TODO... O ERES COMO EL RESTO DE LOS MORTALES?

Una mirada rápida a tu alrededor quizás te alcance para ver que la mayoría de la gente vive agotada. Observa a la gente que trabaja contigo, ¿cómo llegan al final del día? Observa a los miembros de tu familia, ¿cómo empiezan el día? Párate un rato frente a un espejo: ¿ves a una persona llena de energía y vitalidad?

Los datos de estudios recientes son bastante alarmantes. Los índices de ansiedad y depresión se multiplican a nivel mundial. Cada vez hay más gente sufriendo las consecuencias del estrés, que se manifiestan de mil y una maneras. Y todo esto afecta nuestra productividad.

Con poca energía disponible, todo se hace más difícil. Cuesta mucho ser productivo. Cuesta mucho ser creativo. Hasta cuesta disfrutar de las cosas agradables de la vida, porque simplemente estamos agotados.

Pero hay salida. Hay rituales y rutinas diarias que pueden ayudar. Hay pequeños ajustes que generan grandes cambios. Y todo empieza por tomar conciencia.

En las próximas páginas te vamos a dar muchas ideas prácticas para elevar tu nivel de energía.

Del 1 al 10, ¿cuánta energía y vitalidad sientes que tienes hoy?

"Cuanta más energía tienes,
más eficiente es tu cuerpo.
Cuanto más eficiente es tu cuerpo,
mejor te sientes. Cuanto mejor te sientes,
más vas a usar tus talentos para
producir resultados extraordinarios."

Anthony Robbins

¿SABÍAS QUE HAY CIERTOS ALIMENTOS QUE TE LLENAN DE ENERGÍA CASI AL INSTANTE?

Vivimos invadidos por mensajes publicitarios sobre alimentos que prometen milagros: el chocolate que no engorda, el batido que quema grasas, la barrita de cereal que te saca el hambre...

Sabemos mucho sobre qué engorda y qué no. Pero sabemos bastante poco sobre los nutrientes esenciales qué necesitamos para mantener la energía alta a lo largo de todo el día. Energía alta y cerebro alerta.

Hablemos de eso. Porque si quieres tener más energía, más vitalidad y mayor capacidad de concentración, es fundamental que sepas que nuestro cerebro y nuestro cuerpo necesitan "nafta" de la mejor calidad.

Sí, ya sabemos que dispones de poco tiempo y que la sola idea de hacer un cambio radical en tu alimentación te abruma. Queremos hacerte la vida fácil. Por eso vamos a contarte lo que hacemos nosotras para incorporar de manera muy simple una enorme cantidad de nutrientes que nos mantienen energizadas (y concentradas) durante gran parte del día.

Son dos cosas. La primera: un batido verde que tomamos durante todo el día. En pocos minutos preparas un litro, y te sirve desde el desayuno hasta la media tarde.

La segunda: consumimos frutos secos como snacks. Mientras trabajamos, cuando estamos de viaje, cuando ataca el hambre y no hay tiempo de cocinar o de comprar algo sano, un buen puñado de frutos secos, también conocidos como "comida para el cerebro". ¿Pensabas que es casualidad que las nueces tengan una forma casi idéntica a la de nuestro cerebro? ☺

Incorporar estos dos elementos a tu rutina va a darte un shot de energía muy alto. Creenos.

RECETA PARA EL BATIDO ENERGÉTICO
(1 litro para tomar a lo largo del día)

Poner en una licuadora:

1 puñado de espinacas o kale
1 manzana verde
1/2 pepino
1 tallo de apio
1/2 aguacate
1 o 2 tazas de agua
Opcional: unas rodajas de jengibre

Es mucho más rico de lo que parece. ☺
Te ayudará a mantener un nivel de energía constante.

¿CUÁNTA AGUA TOMAS POR DÍA?

La pregunta es simple, la respuesta quizás no tanto. Cuando decimos agua, nos referimos a agua. Ni refresco, ni mate, ni jugo... agua.

¿Cuántos vasos de agua tomas por día?

¿Sabes por qué te lo preguntamos? Porque la cantidad de agua que tomas está directamente relacionada con la cantidad de energía que tienes. La explicación viene por muchos lugares. Empecemos por el cerebro, ese lugar donde habitan nuestras neuronas. ¿Cómo se comunican las neuronas? Por impulsos eléctricos. ¿Cuál es el mejor conductor de la electricidad? El agua. Un cerebro bien hidratado funciona mejor, simplemente porque le resulta mucho más fácil hacer que sus neuronas se comuniquen entre sí.

¿Sabías que si esperas a tener sed para tomar agua ya estás deshidratado? La sed es un mecanismo del cuerpo que avisa que hay deshidratación. Y sólo un 1% de deshidratación produce cansancio, falta de foco y concentración, y puede causar dolor de cabeza.

¿Quieres estar energizado? Asegurate de estar hidratado.

¿SABÍAS QUE EL CAFÉ, EL ALCOHOL
Y EL CHOCOLATE TE DESHIDRATAN?
SI LOS CONSUMES, ACUÉRDATE DE TOMAR
DOS VASOS DE AGUA TAMBIÉN.
UN CUERPO HIDRATADO
ES UN CUERPO ENERGIZADO.

¿CUÁNTO TE ENERGIZA EL ESPACIO EN EL QUE VIVES Y TRABAJAS?

Tu casa, tu oficina, los lugares en los que pasas más tiempo tienen un impacto enorme en cómo te sientes. Pueden llenarte de energía o desenergizarte casi al instante.

¿Sabías que los nórdicos tienen una palabra que resume lo que significa "que tu casa te dé felicidad y energía"?

Lo llaman *hygge*: la capacidad de hacer que tu entorno te cause placer, energía y felicidad. En su etimología contiene la palabra *hug* ("abrazo") y es justamente el arte de hacer que el entorno te "abrace" para sentirte contenido y tener ganas de estar ahí. Es una filosofía que ayuda mucho a la armonía de las personas que conviven en una casa. O en una oficina.

Las claves para crear un ambiente *hygge* son: encender velas, poner flores frescas o plantas, cuidar los aromas del ambiente, tener una taza de algo caliente para tomar, tener lugares para sentarse que sean muy cómodos (complementar las sillas con almohadones cómodos o mantas).

Lo que nos rodea tiene un impacto enorme en cómo nos sentimos. Elijamos rodearnos de cosas que nos hagan sentir cómodos y nos den felicidad.

¿Cómo vas a hacer de tu lugar uno más *hygge*?

Los ambientes cargados de objetos, papeles y cosas que no están en uso nos desenergizan. Los sitios desordenados y sucios, también. Despeja tu lugar de trabajo y vas a sentir cómo se despeja tu mente. Saca de tu casa los objetos rotos y todo lo que ya no usas, y así vas a estar creando espacio para que lleguen cosas nuevas. Limpia y ordena tu habitación quitando aquello que no sea absolutamente necesario. Haz un detox tecnológico en ese espacio: cuanta menos tecnología, mejor calidad de sueño vas a tener.

¿QUÉ HACES EN LOS MOMENTOS DEL DÍA EN LOS QUE TE AGARRA EL "BAJÓN ENERGÉTICO"?

Esos momentos que suelen venir después del almuerzo, o a media tarde, después de una gran comida... o luego de haber pasado muchas horas frente a una pantalla.

¿Cómo te sacudes el cansancio físico y mental cuando tienes que seguir adelante?

Nuestra técnica favorita es *brain gym* o "gimnasia cerebral", inicialmente descubierta por médicos neurólogos el día en que se preguntaron si había alguna forma de hacer que los dos hemisferios cerebrales se comunicaran mucho más rápido, en cuestión de instantes.

Lo que descubrieron fue sorprendente: hay una serie de movimientos que cruzan un lado del cuerpo con el otro, y que, al hacerlo, aumentan la velocidad de las conexiones cerebrales y renuevan el nivel de energía del cuerpo. Por eso es una técnica que nosotras enseñamos siempre que damos un curso, y hasta la hemos enseñado al dar conferencias en grandes teatros para miles de personas. Es tan simple que la pueden aprender los chicos, y tan efectiva que la usan desde CEOs hasta deportistas de alta performance.

¿Quieres energizarte en cinco minutos? Haz lo siguiente: ponte de pie, toma tres respiraciones profundas y empieza una "marcha lateral cruzada": marchas en el lugar, y vas alternando el siguiente movimiento: la mano derecha toca la rodilla izquierda, y luego la mano izquierda toca la rodilla derecha. Continuás esta "marcha" tocando las rodillas de manera alternada, siempre con la mano contraria, durante unos minutos. Haz la marcha lo más "exagerada" que puedas.

"Hacer gimnasia cerebral
es tan importante como
hacer ejercicio físico.
Cuanto más haces ejercitar
al cerebro, mejor funciona."

Doctor Goldberg,
profesor de neurología en la
Universidad de Medicina de Nueva York

¿Y SI CARGARTE DE ENERGÍA FUESE TAN RÁPIDO Y SIMPLE COMO DARTE UN REGADERAZO?

En Japón hay un ritual muy antiguo, que sigue siendo practicado al día de hoy para ganar energía, foco mental y calma interior. Lo llaman "la meditación de la catarata". Como te imaginarás, en la antigüedad implicaba el uso de una catarata real. Las personas que querían cargarse de energía y foco se sentaban debajo de una catarata o cascada, y permanecían un buen rato ahí... hasta que su mente estuviese despejada y su cuerpo energizado.

Sabemos que las probabilidades de que tengas una cascada en tu casa son bastante bajas. Entonces vamos a proponerte una práctica que a nosotras nos sirve para recargar energías mientras nos bañamos.

Cuando estés parado debajo de la regadera, imagínate que el agua que cae sobre tu cabeza va barriendo los pensamientos que no te sirven, las dudas, los miedos, la ansiedad, las tensiones. Puedes decir en voz alta algo así como "el agua barre todo lo que no necesito". Puedes pensarlo e imaginarlo. Quédate unos instantes parado abajo del agua respirando, y sintiendo que el agua va "limpiando" no sólo la superficie de tu cuerpo... sino el interior. Si te animas, haz unos segundos finales de esta práctica con el agua fría.

De a poco vas a sentir cómo bañarte se transforma en un momento de recarga energética.

“El agua es la fuerza motriz
de toda la naturaleza.”

Leonardo da Vinci

CUANDO LA ACTIVIDAD FÍSICA ES MEDICINA. ¿HICISTE EJERCICIO HOY?

"Iba a ir pero empezó a llover... pero se me hizo tarde... pero estuve con mucho trabajo... pero mañana voy sin falta..." Y mañana nunca llega.

¿Y si te contamos que las investigaciones recientes han demostrado que el ejercicio produce cambios en las partes del cerebro que regulan el estrés y la ansiedad? ¿Y que puede aumentar la producción de serotonina y endorfinas, que son las responsables de la reducción del dolor y el aumento del placer? ¿Y que te aleja de la depresión, ya que todos los estudios confirman que el ejercicio afecta tu estado de ánimo de forma positiva?

Lo más interesante es que no tiene que ser un tipo de ejercicio muy fuerte, sólo tiene que ser algo realizado de forma regular.

Si todavía no te convencimos, aquí van más razones. Hacer ejercicio te ayuda a bajar de peso porque aumenta tu metabolismo y te permite quemar calorías más rápido. Te devuelve el tono muscular tan ansiado y fortalece tus huesos de forma natural. La lista de los beneficios sigue y es enorme: desde mejorar el estado de tu piel porque hay mejor oxigenación hasta ayudarte a proteger tu memoria reduciendo en un 60% el riesgo de padecer Alzheimer; desde mejorar tu sueño hasta aumentar tu capacidad cognitiva estimulando la producción de hormonas que mejoran el crecimiento de nuevas neuronas. Por supuesto, un gran beneficiario de que hagas ejercicio será tu sistema cardiovascular. Y atención: ¡también tu energía sexual!

¿Te quedó alguna duda de por qué te conviene agarrar tus zapatillas hoy mismo?

Empieza alguna actividad física: caminar, correr, bailar, jugar al tenis, ir al gimnasio, lo que más te guste. Empieza hoy: tu estado de ánimo, tu cerebro y tu salud te lo van a agradecer. ¡Ah, y tu autoestima también!

En 2011, el doctor Mark Tarnopolsky, neurólogo metabólico genético de la Universidad de McMaster en Ontario, y su equipo estudiaron ratones que padecían una enfermedad genética que conduce al envejecimiento precoz. Durante cinco meses la mitad de los ratones fueron obligados a correr tres veces por semana, y la otra mitad fueron mantenidos de forma sedentaria. Al finalizar el estudio, los sedentarios habían desmejorado notablemente: tenían poco pelo, de color gris; sus músculos flojos y los corazones sin fuerza, y estaban temblando en un rincón a punto de morir. Por el contrario, los que ejercitaron se mostraron tan sanos como si no hubieran padecido la enfermedad, tenían el pelo negro y brillante, corrían en sus jaulas y hasta podían reproducirse. Tarnopolsky concluye diciendo: "Hemos evitado casi por completo el envejecimiento prematuro de estos animales. Si hubiera un fármaco que pudiera hacer por la salud humana todo lo que el ejercicio puede, creo que sería la medicina más valiosa que se hubiera desarrollado jamás".

LA QUEJA ALEJA

¿Sabes cuál es uno de los hábitos que más rápido nos quitan la energía? Quejarnos. Sin embargo, todos lo hacemos y casi casi que pareciera energizarnos… ¿o no?

La queja es seductora: por un rato sentimos que descargamos una mochila pesada. Que como no podemos hacer nada por cambiar una situación, al menos nos quejamos. Algo es algo.

Bueno, no es tan así. Es cierto que por un rato nos aliviamos, pero pasado el instante inicial de descarga viene el bajón energético. Cuando a nivel consciente o subconsciente nos damos cuenta de que lo único que estamos haciendo es invertir nuestro tiempo, palabras, pensamientos y energías en describir una situación o una persona que ya no soportamos pero que no va a cambiar, es como condenarnos a nosotros mismos a prisión perpetua.

La queja no sólo nos desenergiza. La queja aleja.

Aleja personas de nosotros (¿a quién le gusta andar en compañía de alguien que se queja de todo?), aleja proyectos, aleja oportunidades, aleja cambios.

La próxima vez que te "pesques" quejándote, recuerda: la queja aleja.

Y pregúntate: ¿hay algo de esta situación que yo pueda cambiar?

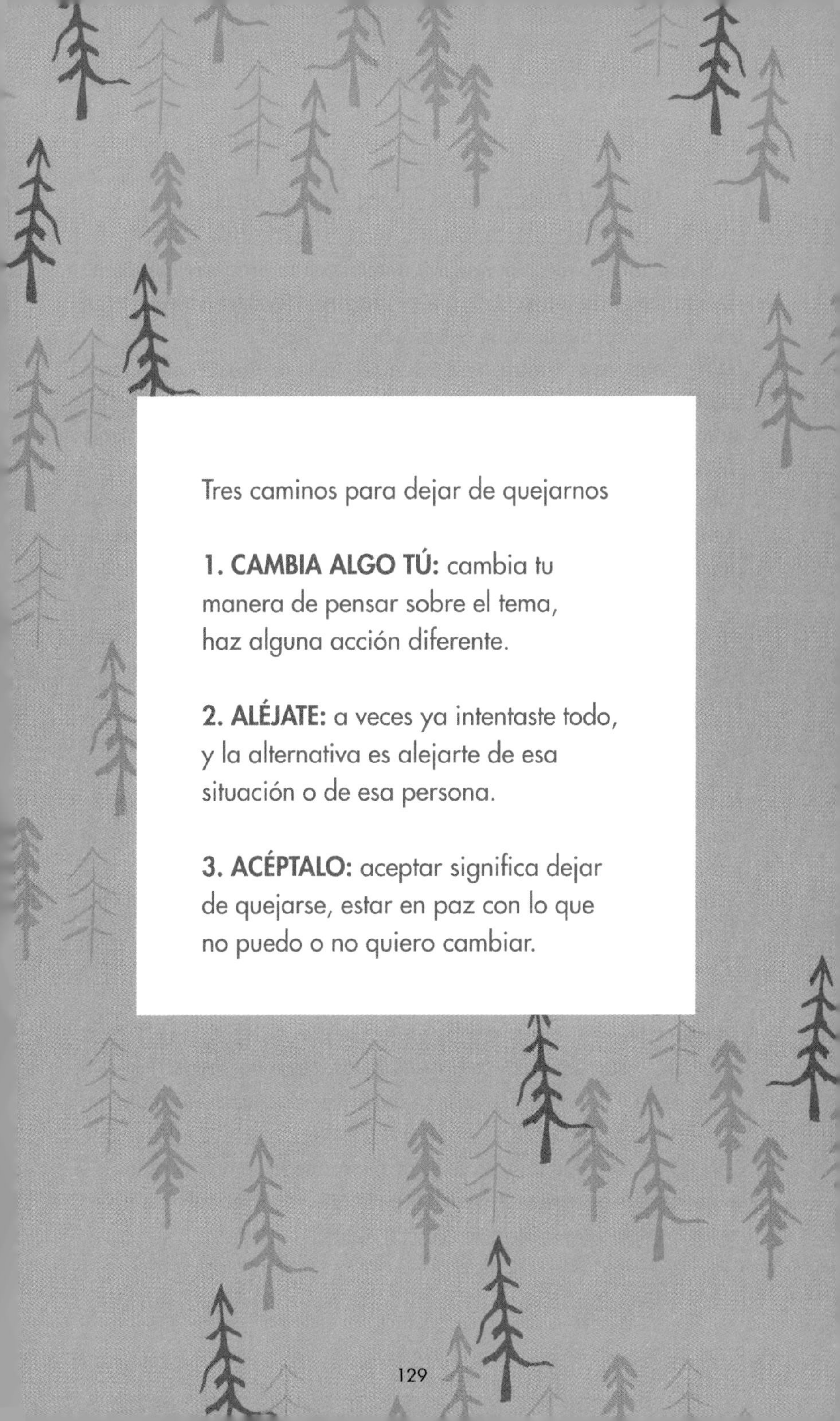

Tres caminos para dejar de quejarnos

1. CAMBIA ALGO TÚ: cambia tu manera de pensar sobre el tema, haz alguna acción diferente.

2. ALÉJATE: a veces ya intentaste todo, y la alternativa es alejarte de esa situación o de esa persona.

3. ACÉPTALO: aceptar significa dejar de quejarse, estar en paz con lo que no puedo o no quiero cambiar.

USA LA RESPIRACIÓN ENERGÉTICA

¿Sabías que puedes energizarte mucho con tu propia respiración? ¡Y es mucho más simple de lo que te imaginas! Se logra a través de un tipo de respiración llamada "respiración del Hara".

En japonés *hara* quiere decir "vientre". Es el centro de energía que usan todos los que practican las artes marciales y los cantantes profesionales. Localizado en el área abdominal, muchas veces se lo llama "la fuente de la energía" o "el centro de la energía vital".

Primero, para ubicar el "hara", pon tus manos unos cuatro dedos debajo del ombligo. Desde esa zona abdominal respira lentamente; inhala inflándola y fijate cómo tus manos y tu abdomen se expanden. Y al exhalar, también lentamente, se contraen. Continuá respirando así durante unos minutos, centrándote en ese punto. Entre cada inhalación y exhalación haz una pausa de unos segundos. Vas a notar casi instantáneamente que tu energía empieza a fluir de nuevo.

¿Es así de simple? ¡Sí! Es cuestión de que lo pruebes. Y si tuviste un día particularmente difícil, que te dejó sin energía o te robó la paz mental y emocional, puedes agregarle un condimento. Cuando inhales, apoya la lengua en el paladar e imagina una corriente de partículas doradas entrando por tu nariz, llegando primero hasta tu "hara" y luego alimentando cada célula de tu cuerpo. Haz una pausa de uno o dos segundos, y luego exhala lentamente imaginando que la respiración barre con todas las toxinas negras que puedan haber estado en tu interior.

Puedes hacer eso o elegir palabras para repetirte durante la respiración: "estoy en paz", "todo está bien", "estoy centrado", lo que necesites. Lo importante es que tu respiración sea desde el abdomen y no desde el pecho.

Respirar con el abdomen es lo primero que hacemos al nacer. Es lo que indica que estamos vivos. Y es lo que podemos volver a hacer todos los días para recargarnos de energía.

"QUÉJATE MENOS, RESPIRA MÁS,
HABLA MENOS, ESCUCHA MÁS,
ODIA MENOS, AMA MÁS
Y TODAS LAS COSAS BUENAS
SERÁN TUYAS."

PROVERBIO SUECO

SI ESTÁS PREOCUPADO, ESTÁS ESTRESADO

Así de simple: las preocupaciones nos generan estrés. Y el estrés genera de todo, ya lo sabemos. Entre otras cosas, te desenergiza. Si te dijéramos que hay una forma simple de disipar tus preocupaciones, ¿la usarías? Se llama "el círculo de influencia" y es súper efectiva.

Con lápiz y papel en mano, dibuja dos círculos concéntricos grandes. En el círculo interior, escribe todas las acciones que puedes llevar adelante para aliviar tu preocupación: este es el círculo que está bajo tu influencia. La clave es que todas sean acciones que dependen de ti. Ejemplo: si lo que te preocupa es tu sobrepeso, en esta parte del círculo anota cosas que dependan de ti, como pedir cita con un nutricionista, hacer las compras en el súper para cocinar saludablemente, hacer actividad física todos los días, y así sucesivamente.

En el círculo externo, el círculo de preocupación, escribe lo que no dependa de ti, lo que esté fuera de tu campo de acción. Siguiendo con el ejemplo: la tendencia a la gordura por herencia genética, la opinión de los demás sobre tu aspecto físico, tener que asistir a alguna reunión donde no puedes controlar la comida que ofrecerán. Son cosas que no dependen de ti, y que en principio no podrías modificar. ¿Qué puedes hacer? ¡Enfocarte 100% en lo que sí depende de ti!

Y cuando haces esto, ¡todo cambia! Muchas veces estamos estresados porque nos preocupamos por cosas que no dependen de nosotros. Si te enfocas en el círculo de influencia, eres responsable de tus resultados y te energizas. Si te centras en el círculo de preocupación, te sientes impotente frente a lo que acontece y te llenas de ansiedad. Cuando te ubicas en el círculo de influencia eres protagonista, tú eres quien ejecuta las acciones; en el círculo de preocupaciones, en cambio, eres víctima de las situaciones.

Cada vez que empieces a preocuparte por un tema, pregúntate: en esta situación, ¿qué cosas dependen de mí? Escríbelas en tu círculo de influencia y ponte en acción.

¿Tienes un tema que te preocupa?
En el círculo interno escribe todas las cosas que dependen de ti. En el círculo de afuera escribe todo lo que no depende de ti.
Concéntrate 100% en tomar acción en lo que depende de ti.

¡NO PUEDO DORMIR!

Puede ser una situación estresante en tu trabajo, una mudanza, una preocupación económica, problemas familiares o un examen, el hecho es que le das vueltas y vueltas en la cama y no te puedes dormir. O te duermes pero te despiertas a la madrugada en estado de alerta. Es una señal que da tu cuerpo para indicarte que algo está desajustado.

Y dicen que hasta que no desaparezca o se corrija la causa, el insomnio persistirá. ¿Y si la causa no desaparece tan rápido? Porque hay muchas cosas que lleva tiempo solucionar y otras que no dependen de uno. Entonces ¿qué hacemos?, ¿nos resignamos a no dormir más?

Te podríamos dar muchas sugerencias que tal vez conozcas, como irte a dormir a la misma hora, comer liviano, evitar el alcohol, el tabaco y las bebidas estimulantes que contengan cafeína o teína, no mirar noticieros o series violentas... Y sostener durante el día rutinas saludables, hacer actividad física, tomar agua y consumir alimentos que contengan triptófano, como el plátano, entre tantas recomendaciones similares.

Pero hoy queremos brindarte un tip muy puntual para evitar el insomnio, que consiste en no hablar de los problemas que te aquejan unas horas antes de irte a dormir. Muchas veces hablamos al fin del día de esos temas, después de que volvimos del trabajo, cuando los chicos finalmente se durmieron... cuando tenemos tiempo. Pero aquí está la trampa: ese tiempo lo necesitamos para descansar, para renovarnos, para oxigenarnos. Si un rato antes nos enfocamos en lo que nos aqueja, en lugar de encontrar la solución estaremos cada vez más lejos de ella. Porque un cuerpo que no descansa es una mente que se atasca. Y una mente que se atasca difícilmente le encuentra la vuelta a eso que te preocupa.

Antes de dormir, piensa en algo bueno que lograste durante el día. ¡Por pequeño que sea te va a servir! Y acuérdate de dar gracias a Dios, a la vida, a tu familia o amigos, porque lo pudiste hacer. Vas a ver que a la mañana te despertarás más descansado y motivado.

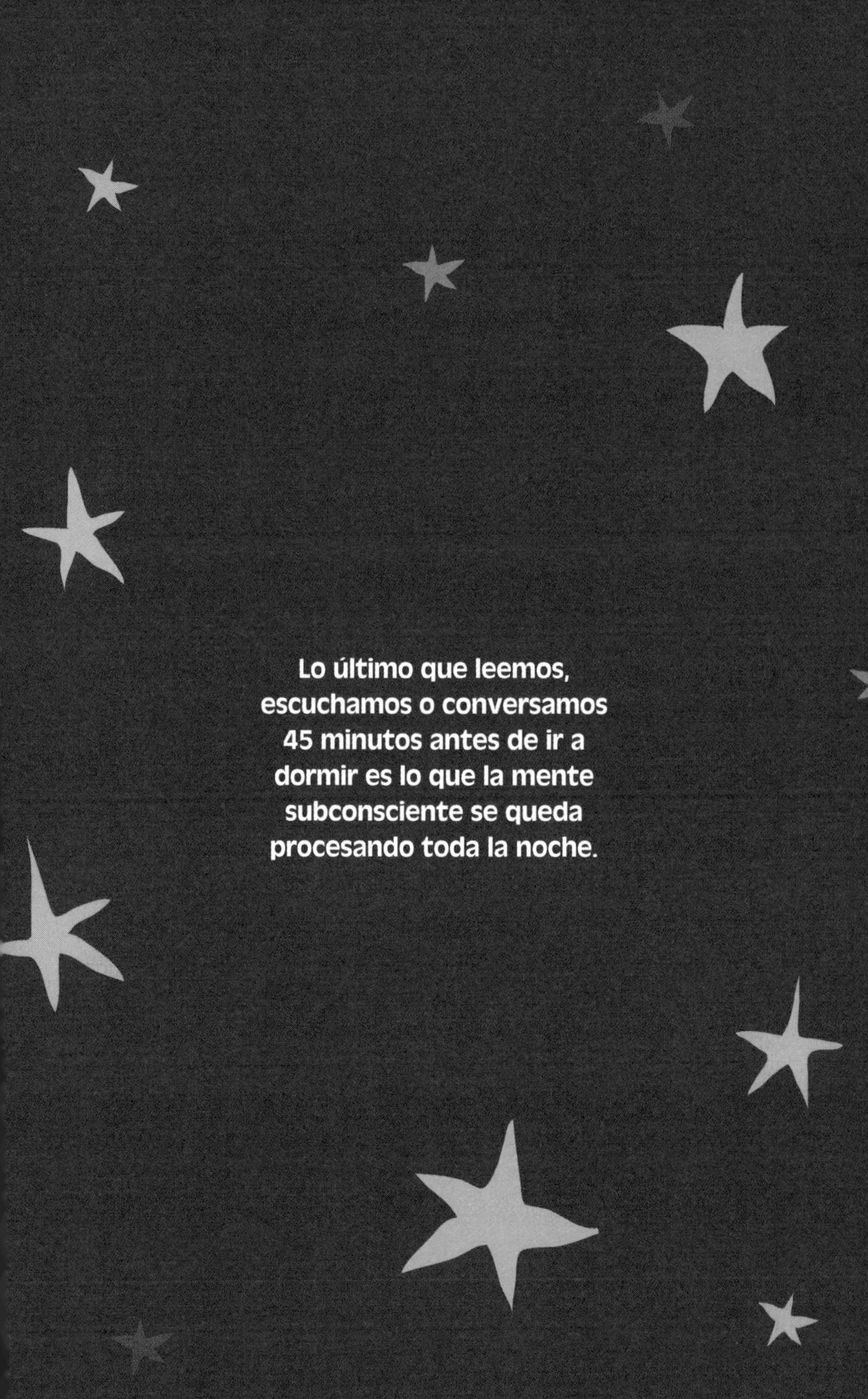

Lo último que leemos, escuchamos o conversamos 45 minutos antes de ir a dormir es lo que la mente subconsciente se queda procesando toda la noche.

EL PODER DE LOS AROMAS

¿Escuchaste hablar de la aromaterapia? Quizás sí, pues hace unos años se ha puesto de moda, aunque no es una práctica nueva sino milenaria. La aromaterapia puede definirse como el uso de aceites esenciales para equilibrar la mente y las emociones. Resulta un buen complemento a la hora de cargar de energía un ambiente de trabajo o una casa.

Hoy hay varios estudios realizados por universidades que demuestran el efecto que ciertos aromas generan sobre los estados emocionales y sobre el sistema nervioso de nuestro cuerpo. El sentido del olfato está conectado al cerebro, por eso impacta directamente en él. Los receptores olfativos en la nariz están conectados con las áreas del cerebro que gobiernan las emociones, por lo tanto pueden afectar nuestro estado emocional.

Sin pretender hacer una guía de aromaterapia, te invitamos a que pruebes algunos aceites para ayudarte a aliviar estados de estrés, preocupación o falta de energía.

Uno de nuestros favoritos, por la cantidad de usos que se le puede dar, es el de lavanda. Es un aceite ideal para cuando quieres relajarte. Puede emplearse en chicos y grandes. Puedes ponerlo en un difusor, depositar unas gotas en la palma de la mano e inhalarlo, mezclarlo con tu crema para el cuerpo, agregar unas gotas en la bañadera... las posibilidades son muchas. La lavanda es uno de los aceites que más se ha estudiado y que ha mostrado resultados palpables en el cambio emocional positivo que viven quienes lo utilizan de manera regular.

Otros aceites eficaces y que se consiguen fácilmente son el de naranja y el de limón. Según la Universidad de Ohio, al inhalar esencia de limón suben los niveles de norefedrina, un químico del cerebro ligado con la toma de decisiones y la motivación.

"Según las investigaciones
realizadas, hay ciertos aceites
esenciales que tienen un efecto
directo sobre el estado de ánimo.
Por ejemplo, el aceite de naranja
reduce la ansiedad.
Y el aceite de limón
levanta el ánimo."

Universidad de Viena

¿ERES DE LAS PERSONAS QUE SE SACRIFICAN PARA LOGRAR SUS METAS?

Sí, ya sabemos, nos inculcaron esa idea desde chicos: sin sacrificio no se logra nada. Pero ¿sabes una cosa? Nosotras no estamos muy de acuerdo con esa idea. Ni nosotras ni las investigaciones más recientes.

Cuando nos sacrificamos, tendemos a olvidarnos de nosotros mismos. Nos ocupamos de los demás: nuestros hijos, nuestras casas, nuestros clientes, nuestros padres… ¿Y qué tiene de malo? ¿Acaso no es de buena persona ocuparse del resto? Sí, claro… mientras que en el camino no te olvides de ocuparte de ti.

¿Qué pasa cuando te olvidas de ti? Empiezas a resentirte. Sin darte cuenta, vas acumulando un poquito de mal humor todos los días. Y de pronto un día te encuentras estallando: "Yo me sacrifico por todos, ¿y acá nadie se da cuenta?".

El problema no está en que nadie se dé cuenta de cuánto te sacrificas. El problema está en que tú no te des cuenta de lo importante que es parar para renovarte.

¿Qué significa renovarte? Hacerte un tiempo para ti: sal a caminar, organiza un encuentro con amigos, lee un capítulo de un libro, date un baño largo, comparte algo que te guste… Al hacerlo, vas a tener mucha más energía y buena onda para ocuparte de todas las personas y de todas las obligaciones.

Empieza por ocuparte de ti. Tu estado de ánimo y tu nivel de energía te lo van a agradecer. ☺

Los momentos de renovación personal activan las hormonas del rejuvenecimiento. Funcionan mejor que cualquier crema antiedad. ¿Cómo vas a renovarte hoy?

VIVIR A MIL

¿Te das cuenta de que vives a mil?

No eres el único. Vivimos en la era de la hiperaceleración. ¡Todo necesita hacerse ya! Sin darnos cuenta, esta aceleración nos llena de ansiedad y nos vacía de energía. Y antes de que podamos evitarlo, nos quedamos sin pilas. ¿Te gustaría recargarlas en menos de tres minutos? Mejor aún, ¿te gustaría aprender a cambiar estrés por resiliencia?

Se puede lograr usando una técnica llamada HeartMath, que nos permite acceder a la llamada "inteligencia del corazón". El secreto consiste en aprender a generar emociones positivas y producir cambios que van desde tu corazón (el órgano, en sentido literal) hasta tu cerebro, afectando todo tu cuerpo.

Además, no tienes que "creerlo" sino que puedes "verlo" y medirlo. Aquí te mostramos mediante dos gráficos la diferencia de cómo funciona tu corazón cuando estás dominado por la frustración, la ansiedad o el estrés, y cuando te encuentras influido por sentimientos de aprecio, gratitud, amor o compasión.

¿Cómo lo logramos? Cerrando los ojos y haciendo unas respiraciones suaves. Imagínate que el aire ahora empieza a entrar y a salir por tu corazón. Hazlo un par de veces, hasta sentir que estás conectado con tu zona cardíaca. Y en ese momento recuerda un lugar, una persona, un momento que te llene de gratitud, amor o compasión. Quédate unido a ese recuerdo, sintiendo las emociones que te genera esa imagen. Es ahí cuando tu corazón entra en coherencia y tu ritmo cardíaco está emitiendo esa onda suave y ondulada que indica que estás en calma. En ese estado te hallas en condiciones de tomar las mejores decisiones.

Investigaciones científicas de los últimos veinticinco años demuestran que aprendiendo a generar emociones positivas podemos llevar nuestro cuerpo a un estado que se llama "coherencia cardíaca", desde donde podemos funcionar óptimamente. Las emociones placenteras tienen un efecto de resonancia natural en nuestro organismo, y producen la liberación de hormonas que nos revitalizan como la DHEA —la hormona de la juventud— y la oxitocina —la hormona del placer—, reduciendo así la liberación de cortisol —la hormona del estrés—. Si podemos cambiar los ritmos del corazón a través de la producción de emociones positivas, también podemos mejorar el funcionamiento del cerebro y de todo el organismo. Más de seis mil ejecutivos de grandes empresas como Shell, British Petroleum, Hewlett Packard, Unilever, Motorola y Google, entre otras, han aprendido a hacerlo.

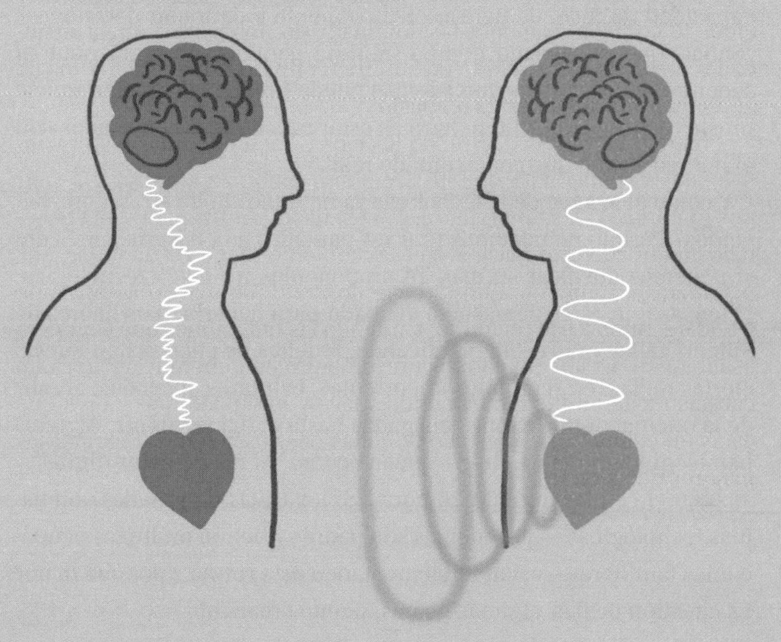

EL DETOX TECNOLÓGICO ES CLAVE PARA RECUPERAR LA ENERGÍA

¿Alguna vez saliste de tu casa sin el celular y al darte cuenta te agarró un ataque de ansiedad? ¿Lo llevaste al servicio técnico, te dijeron que tenías que dejarlo hasta el día siguiente en reparación y sentiste que te quedabas sin aire? ¿Se cayó internet en tu casa y te arruinó el día? Veamos tu rutina cotidiana: ¿qué es lo primero que miras al levantarte y lo último antes de acostarte? ¿Sientes una tentación irresistible por revisar tus mensajes de WhatsApp aun cuando estás manejando?

Si este es tu caso: bienvenido al club de los adictos a la tecnología. ¡Adictos! ¡Sí, adictos! Porque al "tener" que estar conectados con las pantallas de forma constante, se forma un hábito poderosísimo.

¿Acaso la tecnología no es un gran avance? Lo es, y posee aspectos muy positivos, pero también puede tener consecuencias muy negativas de las que recién ahora se empieza a hablar. ¿Sabías que las investigaciones más recientes han demostrado que las interminables distracciones tecnológicas de los celulares disminuyen nuestra capacidad de foco, de pensar creativamente y de tomar decisiones? ¿Sabías que demasiado tiempo frente a pantallas te predispone al sedentarismo? ¿Sabías que además puede limitar la atención que le prestes a tu entorno? ¡El peligro es estar mucho más conectados con el mundo virtual que con el mundo real!

Y como el avance de la tecnología ya no tiene vuelta atrás, ¿qué hacemos? Porque no podemos tirar las pantallas a la basura, ¿no? Pero sí podemos dosificar su uso. Te proponemos un detox tecnológico. ¿Piensas que estás demasiado ocupado para hacerlo? Los líderes de Silicon Valley ya lo están practicando. Muchos de ellos se han puesto ciertas reglas: en reuniones importantes, celulares apagados; al salir de la oficina, notificaciones apagadas hasta el día siguiente. Algunos han elegido un día del fin de semana como "el día de detox digital" y apagan el celular durante 24 horas. Si los CEOs de grandes compañías tecnológicas —que además son padres y tienen múltiples ocupaciones familiares— están implementando esta rutina, ¿por qué tú no? Es cuestión de fijar algunas pautas. ¡Ponte creativo!

Menos horas de conexión virtual son más horas de conexión real.

Tips para
MEJORAR LOS VÍNCULOS

¿QUIÉN ESTÁ SENTADO EN PRIMERA FILA EN TU VIDA?

Hagamos un ejercicio mental. Por un instante, piensa en tu vida como un teatro, lleno de personas. Tú estás parado desde el escenario y empiezas a observar... ¿Quiénes están sentados en primera fila? ¿Familia, amigos? Ahora mira hacia la segunda fila. ¿Personas del trabajo, socios?, ¿vecinos, amigos circunstanciales? Mira un poco más atrás. ¿Quiénes están en la tercera fila? ¿Tus contactos de las redes sociales, tus grupos de WhatsApp, las cuentas que sigues?

Todas las personas que están en tu vida hoy tienen un impacto en ti. Aunque no te des cuenta, tu visión del mundo se moldea a partir de los momentos y de las ideas que compartes o absorbes de aquellos a los que dejas entrar en tu vida. Tú eres el dueño del teatro y decides quién entra y quién no, quién ocupa una butaca preferencial y quién no. ¿Cómo? A través del tiempo que les dedicas, de la energía que le pones a ese vínculo, del tiempo que te pasas pensando (para bien o para mal) en ellos. Y también cuenta para las personas que sigues en las redes sociales, los libros que lees o los programas que miras en televisión: si están en tu cabeza, están en tu vida.

¿Por qué es tan importante detenerse a analizar esto?

Porque la persona en la que te conviertes tiene mucho que ver con las personas a las que les abres la puerta. La calidad de tu vida y los resultados que obtengas dependen, en gran medida, de las personas que están sentadas en tu "teatro".

Empieza a mirar con atención a cada uno de los que ocupan una butaca en tu vida. ¿Te aporta algo que esté ahí? ¿Te gusta la escala de valores que tiene? ¿Te produce admiración? ¿Te inspira, te acompaña, te hace sentir bien? Si la mayoría de las respuestas es "sí", haz todo lo posible por cultivar ese vínculo. Si la mayoría de las respuestas son negativas, haz todo lo que puedas por no darle una butaca preferencial...

LAS INVESTIGACIONES HAN DEMOSTRADO QUE TERMINAMOS PARECIÉNDONOS MUCHO A LAS CINCO PERSONAS A LAS QUE VEMOS MÁS SEGUIDO. ELIGE BIEN LA COMPAÑÍA DE LA QUE TE RODEAS. Y SI NO PUEDES ELEGIR, AL MENOS ELIGE BIEN A QUIÉN CONTARLE TUS SUEÑOS Y PROYECTOS… Y A QUIÉN NO.

¿VISTE QUE HAY PERSONAS QUE NATURALMENTE LES CAEN BIEN A LOS DEMÁS?

Esas personas que a uno le gusta tener de amigo, de colega de trabajo, de compañero de equipo... esas personas con las que te agrada cruzarte por los pasillos de la oficina, compartir un mate o un asado... personas que con su sola presencia ya te ponen de buen humor y te llenan de energía.

Y hay de las otras personas...

Esas que, sin saber bien por qué, prefieres no tener cerca. O que te da lo mismo que estén o no. Porque cuando están, te desenergizan. No sabes bien qué, pero algo te hace preferir tenerlas lejos.

¿A ti en cuál de los dos grupos te gustaría estar? ¿Prefieres ser de esas personas que a los demás les gusta tener cerca porque llenan de energía a quienes los rodean, o prefieres estar en el grupo de los que —aun sin darse cuenta— drenan la energía de los demás? La respuesta es bastante obvia... el cómo lograrlo, no tan obvio.

Hay dos hábitos que son los que más rápidamente te hacen pasar del grupo 1 al grupo 2: la hipercrítica y el hablar mal de los demás.

Gran parte de nuestra comunicación gira en torno a las críticas, a señalar las cosas que no se están haciendo bien. A veces disfrazadas de bromas o de ironías, pero críticas al fin. La hipercrítica pone al otro a la defensiva y va dañando la relación. Para mejorar los vínculos, es necesario bajar el nivel de crítica y aumentar considerablemente la cantidad de comentarios positivos. Y cuando tengas que señalar algo, hacerlo con buena onda. ☺

Y si realmente quieres mejorar la relación, nunca hables mal de esa persona. Porque aunque no lo escuche y aunque nunca se entere, lo percibe. Y sin decir nada se aleja... Hablar mal de los demás es uno de los hábitos más tóxicos que podemos tener. Le hace mal al "criticado", le hace mal a la persona que la escucha y le hace mal al que critica.

Hay una clase de personas a las que se conoce como "persona imán": son las que naturalmente atraen a los demás. Atraen amistades, atraen proyectos, atraen ideas, atraen pareja... simplemente atraen. Estas "personas imán" suelen ser altamente positivas, sostienen una postura optimista frente a la vida y, en lugar de criticar a los demás, siempre les encuentran algo bueno... y si no tienen nada bueno para decir, no dicen nada.

¿Y SI ESO QUE PIENSAS DE ESA PERSONA NO FUESE ASÍ?

Casi todos tenemos "esa" persona en nuestra vida con la que no nos llevamos bien. Esa persona a la que no podemos o no queremos dejar de frecuentar —porque es de la familia, del trabajo o del círculo cercano de amigos— pero que nos genera tensión.

¿Tienes identificada a "esa" persona?

Ahora queremos invitarte a pensar en lo siguiente: ¿sabías que la mayoría de las relaciones tensas tienen que ver con lo que se cree que el otro piensa sobre uno?

Lo clarificaremos con un ejemplo. Una persona tiene una relación tensa con su jefe. Al indagar nos dice: "Yo sé que a mi jefe no le caigo del todo bien porque a mí me contrató el jefe anterior...".

Hay una técnica de cuatro preguntas, creada por Byron Katie, que ayuda mucho a aflojar esta tensión. Antes de leer las preguntas, trae a tu mente a esa persona con la que te sientes incómodo, identifica qué es lo que piensas que piensa de ti y haz pasar ese pensamiento por estas preguntas: ¿Eso que estás pensando es verdad?; ¿Estás 100% seguro de que es verdad?; ¿Cómo reaccionas cuando crees que ese pensamiento es verdad?; ¿Quién serías sin ese pensamiento?

En la primera pregunta uno suele dudar y decir "Y sí... creo que a mi jefe no le caigo bien". Con la segunda pregunta viene algo más fuerte y ahí la respuesta suele ser "Y... no estoy 100% seguro. Creo que es así pero tampoco puedo asegurarlo completamente". La tercera pregunta te hace ver cuánto sufrimiento innecesario te causas a ti mismo dando por cierto un pensamiento que ni siquiera puedes asegurar que es verdad. Y la última pregunta te conecta con la libertad: ¿Y si eligieras dejar de pensar eso que ni siquiera sabes si es tan así? ¿Acaso la tensión con esa persona no se aflojaría? Te aseguramos que sí. Haz la prueba.

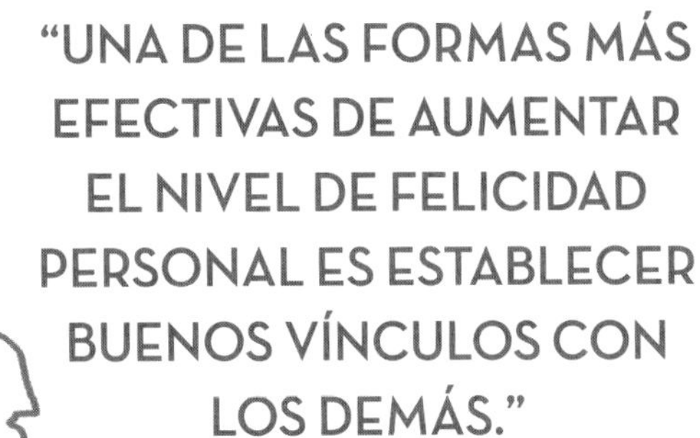

"UNA DE LAS FORMAS MÁS EFECTIVAS DE AUMENTAR EL NIVEL DE FELICIDAD PERSONAL ES ESTABLECER BUENOS VÍNCULOS CON LOS DEMÁS."

MARTIN SELIGMAN

EL MOTIVO MÁS FRECUENTE DE RUPTURA DE PAREJAS ES EL MISMO MOTIVO QUE HACE QUE UNA PERSONA RENUNCIE A SU TRABAJO. ¿SABES CUÁL ES?

La falta de reconocimiento. Cuatro palabras que resumen un sinfín de problemas de pareja y que, curiosamente, es también la causa número uno por la cual una persona deja un trabajo. Todos necesitamos sentirnos reconocidos, saber que los esfuerzos que hacemos no son dados por sentado, ver que los demás aprecian el esmero que ponemos en lo que hacemos. El reconocimiento nos ayuda a ver lo "bueno" en nosotros, es un gran aliado para darle batalla a nuestro crítico interior y es un constructor natural de la autoestima.

Cuando hay reconocimiento genuino en una pareja, difícilmente se quebrará. Podrá pasar por crisis, pero no será derribada. Porque el reconocimiento es oxígeno, es fuerza, es unión. El reconocimiento energiza al que lo recibe, pero también al que lo brinda.

Cada vez más investigaciones dan cuenta de esto. La persona que se siente reconocida, a la que se le expresa lo valiosa que es, tiene un sentido de pertenencia que ningún gran sueldo puede generar por sí mismo.

Y si es tan poderoso, y tiene la capacidad de transformar todos los vínculos laborales y personales, ¿por qué a veces nos cuesta hacer reconocimientos efectivos? Porque no nos reconocemos a nosotros mismos (¿te suena lo de criticarte más que valorarte?), porque nos da vergüenza, porque no estamos acostumbrados, porque pensamos que el otro ya lo sabe y entonces no hace falta decirlo, porque creemos que se "va a agrandar" o a "dormir en los laureles". Son todos mitos. El reconocimiento es sano y necesario. ¿Te da vergüenza? Puede ser, al principio te puede poner un poco colorado, pero a medida que lo hagas más y más, cada vez te va a costar menos. Y cada vez vas a ganar más: más amigos y mejores relaciones de todo tipo.

Hacer un reconocimiento efectivo
es tan fácil como pensar en algo
que valores de alguien y se lo digas.
Puedes hacerlo de manera oral o
escrita.
No le digas "gracias por todo".
Que sea específico.
No inventes ni exageres.
Que sea verdad.
No sigas fórmulas ni seas demasiado
formal.
Que sea en tus palabras.
No esperes a fin de año o
cumpleaños. Que sea seguido.
Tan seguido que se convierta
en un hábito.
El hábito que transforme todas
tus relaciones con los demás.

EN MOMENTOS DE ENOJO O FRUSTRACIÓN, ¿ERES DE LOS QUE PREFIEREN NO DECIR NADA Y SE GUARDAN TODO O DE LOS QUE EXPLOTAN Y DICEN LO QUE PIENSAN SIN FILTRO?

Una de las cosas más difíciles de lograr, y a la vez más importantes a la hora de tejer buenas relaciones con los demás, es la sabiduría para decidir cuándo es momento de hablar y cuándo es momento de callar.

Callar por demás puede transformarse en "tragarse la bronca" por miedo a herir a otros o por no saber cómo manejar la situación. Las consecuencias, como sabrás, son malísimas. Al no poder expresar con naturalidad una situación que nos frustra, empezamos a acumular una deuda emocional que puede pagarse con nuestra salud o nuestro estado de ánimo.

A la vez, explotar y decir todo sin medir las palabras puede ser igual de nocivo. ¿Cómo cultivar el autocontrol emocional cuando una conversación empieza a tomar otro color? La clave más importante: no digas todo lo que piensas en el momento de máxima agitación emocional. Solemos arrepentirnos de las palabras expresadas "en caliente" a poco de haberlas dicho. Y lo dicho, dicho está. Podemos pedir disculpas, pero nunca sabremos cuán hondo han calado en la otra persona. Entonces, antes de que te agarre la incontinencia verbal, haz un par de respiraciones profundas y pregúntate: ¿cómo me quiero sentir después de decir esto?, ¿cómo quiero que se sienta el otro?

La segunda clave: elige los momentos y los lugares para las conversaciones importantes. Se dice que una buena conversación en un mal lugar es una mala conversación. Si, por ejemplo, quiero hablar con mi socio de un tema que me preocupa y lo abordo cinco minutos antes de que termine la jornada laboral, cuando sé que está apurado, esa conversación automaticamente pasa a ser una mala conversación.

No te calles todo, no digas todo lo que piensas cuando estás enojado, y elige bien el momento y el lugar para conversar.

"Nunca cortes un árbol en invierno.
Nunca tomes una decisión negativa
en un momento adverso.
Nunca tomes tus decisiones más
importantes cuando estés de peor humor.
Espera. Sé paciente. La tormenta pasará.
La primavera llegará."

Robert Schuller

¿TE CENTRAS EN EL PROBLEMA?

Tenemos un problema con alguien y nos la pasamos hablando de eso: del problema. Y cuanto más hablamos, más nos enroscamos. ¿Te suena familiar?

Es normal, ¡nos pasa a todos! Y para salir de ese enredo, necesitamos hacer algo diferente. Ya lo dijo Einstein: no podemos resolver un problema pensando de la misma manera que cuando se creó el problema. ¿Qué tenemos que hacer? Dar un giro de 180 grados: en lugar de enfocarnos en el problema, enfocarnos en la solución.

Suena lindo pero medio utópico, ¿no? Sin embargo, este cambio de óptica no es tan difícil. ¿En qué consiste? Lo central es que, en lugar de poner el foco en lo que está mal, te concentres en encontrar la solución empezando por descubrir algo que esté bien de la situación, por pequeño que sea, y que luego hagas más de eso.

Te lo resumimos en 3 simples pasos:

1. Piensa en lo que deseas lograr con esa persona y no en lo que no funciona o está mal. Tómate un tiempo para describir en detalle lo que quieres conseguir. Supongamos que una pareja está distanciada porque la llegada de los hijos produjo cierta tensión (¡cualquier parecido con la realidad no es pura coincidencia!). El primer paso es cambiar el enfoque de la conversación. En lugar de que el eje sea "El problema es que nunca tenemos tiempo para nosotros", el enfoque debería ser "¿Cómo podemos hacer para tener mejor calidad de tiempo de pareja?".

2. Haz un esfuerzo por encontrar algo que esté bien, algo que —por mínimo que sea— esté funcionando o haya funcionado en el pasado. Siguiendo con el ejemplo anterior, podría ser: "Antes de que naciera nuestro segundo hijo teníamos el ritual de salir a comer solos una vez por semana, y eso nos hacía mucho bien".

3. Sobre estas bases, proponte posibles pequeñas acciones para construir más sobre lo que ya está funcionando o funcionó, sin pretender un plan demasiado ambicioso. ¡Empieza por lo posible!

Aquello en lo que te centres, crecerá. ¿Quieres que crezca el problema o la solución?

¿CÓMO HACER PARA DECIRLE A ALGUIEN QUE TIENE QUE CAMBIAR ALGO SIN QUE SE OFENDA?

¿Quién disfruta de sentarse frente a otro para decirle que tiene que modificar cosas de su forma de ser o hacer? Creemos que nadie. O muy poca gente. ¿Por qué? Porque tenemos miedo de que al otro le caiga mal, que se ofenda, o peor, que le duela. Y porque asociamos el feedback con la crítica. Hemos sido tan criticados desde que éramos chicos que nos cuesta mucho darle una mirada positiva. Sin embargo, hay ocasiones en que decir estas cosas es realmente importante. Y es una muestra de valentía y de amor.

¿Quién es mejor amigo? ¿El que viendo a su amigo tomar decisiones desacertadas se calla por miedo a ofenderlo o el que, corriendo el riesgo de pasar un momento incómodo, le habla de frente?

¿Quién es mejor líder de equipo? ¿El que identifica aspectos puntuales de mejora en uno de los miembros de su equipo, pero no se las dice para evitar conflictos o el que, sabiendo que lo que tiene para decir no es cómodo, sale de su zona de confort y se anima a tener esa conversación difícil?

Y como sabemos que no es fácil, queremos ofrecerte una ayuda. Una muy buena técnica: Cuando tengas que señalarle algo a alguien, separá el hecho de la persona. En lugar de decir "Eres impuntual", dile "Las últimas tres reuniones llegaste veinte minutos tarde". La primera frase habla de él o de ella como persona; la segunda describe un hecho. En lugar de decirle a tu hijo "Eres un desordenado", dile "Este cuarto está desordenado". La primera le pone una etiqueta, que puede llegar a quedar "pegada" toda la vida; la segunda describe su habitación.

Cada vez que tengas que hacer un señalamiento, habla del hecho y no de la persona. Vas a poder hablar sin herir sentimientos.

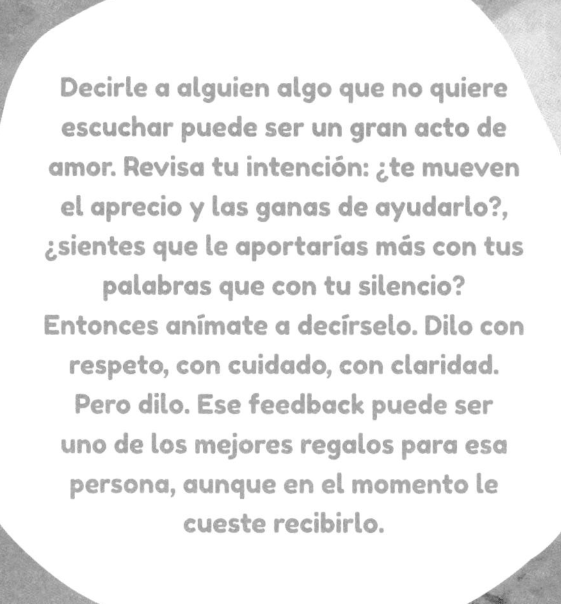

Decirle a alguien algo que no quiere escuchar puede ser un gran acto de amor. Revisa tu intención: ¿te mueven el aprecio y las ganas de ayudarlo?, ¿sientes que le aportarías más con tus palabras que con tu silencio? Entonces anímate a decírselo. Dilo con respeto, con cuidado, con claridad. Pero dilo. Ese feedback puede ser uno de los mejores regalos para esa persona, aunque en el momento le cueste recibirlo.

¿SABÍAS LO QUE MÁS NECESITA UNA PERSONA QUE ESTÁ PREOCUPADA O ANGUSTIADA?

Que la escuches. Pero muchas veces, en lugar de escuchar, intentamos solucionar. O queremos aconsejar. O creemos aliviar contándole un problema nuestro o una desgracia ajena peor que lo que nos están contando.

¿Qué es escuchar? Es estar presente. Es vaciarnos de nosotros mismos, aunque sea por un rato, para estar 100% conectados con el otro. Es estar abiertos a comprender lo que el otro siente o necesita. Es estar genuinamente interesados en lo que nos va a decir: puedes conectarte con la mirada, asentir, hacer preguntas, pero sin decir mucho más. Escuchar activamente es escuchar con la intención de entender y tal vez de aprender algo del otro.

¿Cuándo fue la última vez que te sentiste escuchado? Seguramente recuerdes haber experimentado un alivio enorme. ¿Sabes de dónde proviene? De sentir que a alguien le importas tanto como para que te dedique su atención plena, aunque sea por un rato.

Sentirnos escuchados es sentirnos valorados. Por eso constituye una de las necesidades humanas más profundas.

Es una pena que nos enseñen a leer y escribir, y no nos enseñen a escuchar. Pero se puede aprender. Hoy mismo, con alguien que te importe, haz la prueba: decide prestarle tu atención plena. Escucha con tus ojos, con tus oídos, con tu corazón, sin juzgar, sin evaluar, sin aconsejar, sin interpretar, sin interrumpir... ¡Los resultados te sorprenderán!

A veces escuchar es mejor que dar un gran consejo... ¿Será por eso que tenemos dos oídos y una boca?

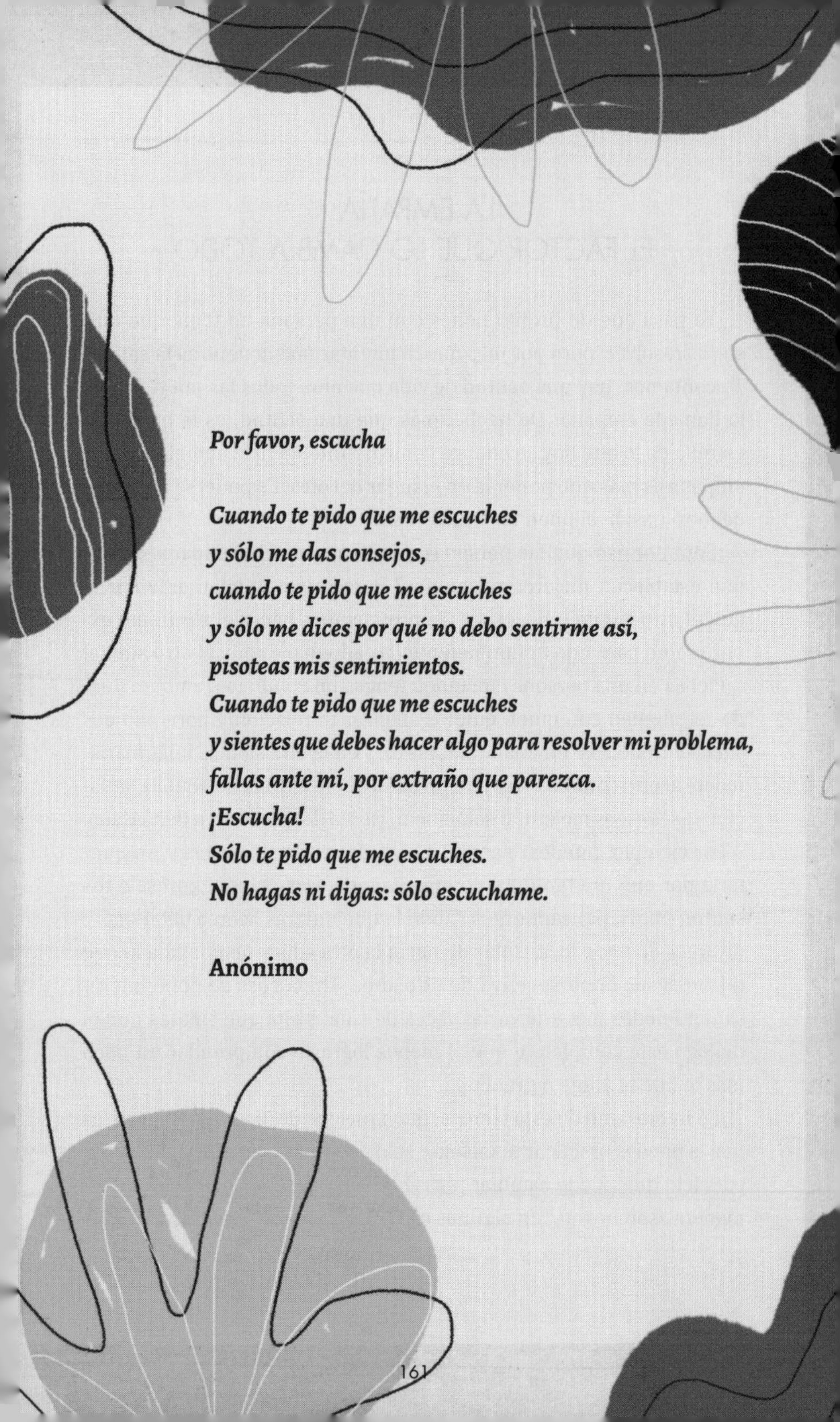

Por favor, escucha

Cuando te pido que me escuches
y sólo me das consejos,
cuando te pido que me escuches
y sólo me dices por qué no debo sentirme así,
pisoteas mis sentimientos.
Cuando te pido que me escuches
y sientes que debes hacer algo para resolver mi problema,
fallas ante mí, por extraño que parezca.
¡Escucha!
Sólo te pido que me escuches.
No hagas ni digas: sólo escuchame.

Anónimo

LA EMPATÍA: EL FACTOR QUE LO CAMBIA TODO

¿Te pasa que de pronto tienes con una persona un tema que quisieras resolver, pero por más que lo intentas no encuentras la salida? Te contamos: hay una actitud de vida que abre todas las puertas, y es la llamada empatía. De hecho, más que una actitud, es la habilidad estrella de lo que hoy se conoce como la "inteligencia emocional". La empatía es más que ponerse en el lugar del otro. Es ponerse en la piel del otro (¡así la definen los franceses!).

¿Será por eso que las personas que tienen mucha empatía son las que establecen mejores relaciones? Parece que pueden adivinar lo que el otro siente o necesita. ¡Te proponemos hacer el siguiente experimento para que tú también puedas adivinar lo que el otro siente!

Piensa en una persona con quien tengas un conflicto. También puede ser alguien con quien quieras afianzar tu relación. Ahora pon dos sillas enfrentadas; en una te sientas tú, y en la otra sientas imaginariamente al otro como si estuviera presente. Concéntrate en aquella situación que desees mejorar o solucionar, ya sea del presente o del pasado.

Por ejemplo, puedes "sentar" a tu padre en la silla vacía y preguntarle por qué fue tan duro contigo cuando eras chico. Exprésale tus sentimientos, pensamientos y todo lo que quieras acerca del tema. Y después de hacerlo, desplázate hacia la otra silla y responde a lo que dijiste desde la perspectiva de tu padre. ¡Ahí la cosa se pone interesante! Puedes moverte varias veces de silla, hasta que sientas que el diálogo está completo o que al menos lograste comprender un poco más lo que te aflige o preocupa.

¡Lo interesante de esta técnica, que proviene de la terapia Gestalt, es que la puedes practicar tú mismo y sólo necesitas dos sillas! Es un gran ejercicio que puede cambiar tus relaciones personales o laborales de manera asombrosa y, en algunos casos, hasta mejorar tus ingresos...

Jeff Bezos, el CEO de Amazon, es famoso por su obsesión con los clientes

Él dice que "hay que empezar con lo que el cliente necesita, no tanto con lo que tenemos para ofrecerle". Pero ¿cómo saber lo que el cliente necesita si no participa de las reuniones ejecutivas de la empresa? Lo solucionaron así: en todas las reuniones ponen una silla vacía para "sentar" al cliente, es decir para imaginarse que está ahí, y siempre le preguntan —en un ejercicio de empatía pura— "¿Qué necesitas de nosotros?". De los 500 objetivos anuales que tiene la empresa, el 80% surge de preguntarle a la silla vacía —al cliente— qué quiere o qué necesita. Esto le permitió a Amazon resolver uno de los misterios más grandes para las empresas: puedes anticipar lo que los clientes quieren y convertir ese conocimiento en ganancias. ¡Y qué ganancias!

¿SABÍAS CUÁL ES LA COSA QUE MÁS LAMENTAN CASI TODAS LAS PERSONAS CUANDO ESTÁN A PUNTO DE MORIR?

Haber dedicado demasiado tiempo al trabajo y poco tiempo a la familia. "Ojalá hubiera trabajado menos", dicen casi todos cuando se acerca la hora final.

No queremos ponernos dramáticas. Pero sí queremos detenernos sobre la cantidad de veces que postergamos momentos de calidad con nuestra familia —maridos, esposas, hijos, padres— en pos de ocuparnos de temas de trabajo. "Ya voy a organizarme mejor", "lo hago por el bien de ellos", "cuando tenga más dinero, voy a disponer de más tiempo".

No esperes a tener todo 100% organizado. No te engañes pensando que el día que ganes más dinero o te den un mejor trabajo vas a tener más tiempo. Toma hoy la decisión de disfrutar más de tu familia. Tus hijos van a crecer. Van a crecer y un día van a elegir su propio camino. Los padres no viven para siempre, y el día que ya no estén lo único que te va a quedar son los recuerdos de momentos vividos. Crea recuerdos.

A veces no es cuestión de agregar horas, sino de generar momentos de verdadera conexión. ¿Llegaste a tu casa después de un larguísimo día de trabajo? Apaga el celular. ¿Puedes ver a tus hijos sólo un rato hoy? Conecta 100% con ellos. ¿No tienes tiempo de pasar un momento con tus padres esta semana? Llámalos por teléfono. ¿Estás de viaje de trabajo por varios días? Busca la manera de que los que te extrañan te sientan presente.

Haz los cambios que tengas que hacer para que cuando llegue el final de tu vida puedas mirar hacia atrás y decir: "Me siento orgulloso de haber dedicado tiempo de calidad a las personas que más quise y que más me quisieron en el mundo".

LAS 5 COSAS QUE LAMENTAN LAS PERSONAS ANTES DE MORIR

(según la investigación de Bronnie Ware, enfermera de cuidados paliativos de enfermos terminales)

1. Ojalá hubiera sido valiente para vivir la vida que deseaba y no la que otras personas —padre, madre, pareja, etc.— querían para mí.

2. Ojalá hubiera dedicado menos tiempo al trabajo y más a mi familia.

3. Ojalá hubiera expresado mis emociones más abiertamente.

4. Ojalá no hubiera perdido la relación con los viejos amigos; me habría gustado estar más en contacto con ellos.

5. Ojalá me hubiera permitido a mí mismo ser más feliz.

¿CUÁN SEGUIDO LE DICES TE QUIERO…

… a tu pareja? … a tus padres? … a tus hijos? … a tus amigos? Es que no es algo para andar diciendo todo el tiempo, ¿verdad? Y además no todo el mundo se siente cómodo haciéndolo, como que eso de andar mostrando las emociones tan abiertamente no es algo para todos.

¡De acuerdo! Y que alguien no diga en voz alta "te quiero" no significa que no lo sienta. Muchas veces sucede que es algo que no escuchamos en nuestra familia, y por lo tanto no sentimos la necesidad de decirlo. O nos da vergüenza. O pensamos que no hace falta, porque el amor se puede expresar de muchas formas y no sólo con palabras. Todo esto es cierto.

Y también es cierto que no lo decimos porque nos da miedo. Miedo de quedar ridículos, miedo de parecer melosos, miedo de que nos defrauden. ¿Quién no ha sufrido una decepción amorosa? ¿Quién no ha experimentado la ruptura de un vínculo familiar o de amistad? ¿Quién no ha sentido miedo de decir "te quiero" a la persona equivocada? Entonces nos protegemos. Por las dudas, lo retaceamos. O lo guardamos en nuestro interior, en un lugar seguro.

Puede ser que esté bien… pero no tanto. Porque el amor es una necesidad biológica, y tenemos un cerebro "emocional" que necesita escuchar ciertas palabras para funcionar óptimamente. A diferencia del resto de las especies, el ser humano tiene el don de la palabra. Nuestro sistema límbico —el centro de las emociones en el cerebro— responde muy positivamente a la expresión sincera de un "te quiero" o un "te amo". Esas palabras nutren, alivian y hasta curan dolores físicos o emocionales.

Ahora, entonces, vuelve a hacerte la pregunta: ¿cuán seguido les dices te quiero/te amo a tus seres queridos? ¿Cuándo fue la última vez? Si eres consciente del enorme beneficio que tiene pronunciar esas palabras, no dudamos de que, aunque te cueste un poco, querrás expresarlas con mucha más frecuencia. Elige hoy alguien a quien decírselas. Y observa lo que sucede…

Cuando digo que te quiero
digo mucho más que dos palabras.
Digo que te quiero tal como eres.
Que no te cambiaría nada.
Digo que conozco tus luces y las disfruto,
y tus sombras, si las hay... no me importan tanto.
Cuando digo que te quiero digo
que eres importante para mí...
Digo que tu presencia saca lo mejor de mí...
Cuando digo que te quiero,
digo que te elijo para que seas parte
de mi vida y que me siento feliz
por tenerte presente cada día.

CUANDO UNA JUNTADA CON AMIGOS ES LA MEJOR TERAPIA

¿Alguna vez sentiste que sentarte a tomar un café con un amigo era todo lo que necesitabas para estar mejor? ¿Que sin importar cuán profunda o banal fuese la conversación, al cabo de un rato pudiste ver todo desde otra perspectiva? ¿Que a veces con la sola compañía de un buen amigo tu estado de ánimo se transforma? Y es que los amigos son, sin dudas, uno de los mejores antidepresivos del mundo. Ha sido así desde el inicio de nuestra existencia.

¿Te acuerdas cuando eras chiquito y tu mamá te decía que te había invitado un amigo a jugar a la casa? ¡Era el mejor plan del mundo! Más divertidos que cualquier juguete, más interesantes que cualquier película, los amigos van marcando nuestra vida desde los primeros años.

Esto tiene una explicación emocional y racional. Los seres humanos somos seres sociales. Desde que nacemos, no podemos sobrevivir sin que alguien nos alimente y nos cuide. Además, nuestro cerebro es "social", por eso nos contagiamos emociones de las personas que nos rodean (aun sin decir una palabra). Y cuando nos aislamos podemos enfermarnos: en 2015 un análisis de datos que abarcó a más de 3,4 millones de personas en 70 investigaciones determinó que la ausencia de conexiones sociales fuertes conlleva los mismos riesgos que fumar hasta quince cigarrillos por día. Es decir: fuimos diseñados para vivir rodeados de otros.

Por eso: dedícale tiempo a la amistad. Sabemos que estás súper ocupado. Que hay mil urgencias que atender. Que tienes familia, trabajo y problemas. Y que los amigos siempre están. Pero no te olvides de brindarles un tiempo consciente. No sólo por ellos, sino por ti. Porque hay una parte de tu corazón que los necesita para sentirse en equilibrio.

Como dice el dicho, "el que encuentra un buen amigo, encuentra un tesoro". Y como todo tesoro, hay que cuidarlo. Haz el esfuerzo. Ponlo entre tus prioridades. Dales tiempo a esos amigos que hacen bien.

HAY AMIGOS QUE HACEN BIEN.
AMIGOS QUE SABEN CUÁNDO
NECESITAS UN CONSEJO, Y QUE SE DAN
CUENTA, CON SÓLO MIRARTE, CUANDO
TODO LO QUE QUIERES ES UN BUEN
SILENCIO.
QUE SI PUEDEN AYUDAR, AYUDAN.
Y SI NO PUEDEN AYUDAR, ALIVIAN.
Y SI NO LOGRAN ALIVIAR, SE CARGAN
TU DOLOR Y CONTIGO, CUESTA ARRIBA,
EMPUJAN.

¿QUIÉNES SON ESOS AMIGOS
EN TU VIDA?

¿Y SI TE DIJERAN QUE UN ABRAZO TE PUEDE SALVAR LA VIDA?

Antes de que se te escape una sonrisa socarrona, déjanos contarte algo del mundo de las ciencias. Algo que cuando ocurrió, dejó boquiabiertos a los médicos más prestigiosos del planeta.

Fue cuando se inventaron las incubadoras. Eran un gran avance para los bebés prematuros, pues ofrecían condiciones casi idénticas al vientre materno: temperatura, humedad y esterilización total. Pero algo fallaba. Porque los bebés no crecían. Salvo en una unidad de neonatología, donde todos los bebés crecían. Empezaron a investigar qué tenía de particular esa sala. Lo que descubrieron los sorprendió. Todas las noches, la enfermera que cuidaba a los prematuros rompía las reglas: sin hacer caso a los enormes carteles de "no tocar" de las incubadoras, ella metía su mano y los acariciaba. "Me rompe el corazón escucharlos llorar sin consuelo... como vi que nada malo sucedía, sigue acariciándolos todas las noches hasta calmarlos". No sólo nada malo sucedía, sino que esos bebés se desarrollaron más fuertes y sanos que todos los demás. Aquel fue el puntapié inicial de todas las investigaciones que hoy demuestran que los seres humanos necesitamos contacto físico para estar bien. Desde que nacemos hasta que morimos.

Hay motivos fisiológicos que explican por qué los abrazos nos hacen sentir tan bien. No es sólo una cuestión afectiva, ¡es física! Los abrazos afectan al cuerpo entero, al punto tal que muchos científicos hoy dicen que un buen abrazo produce lo mismo que varios medicamentos en simultáneo. Los abrazos estimulan la producción de oxitocina —un neurotransmisor que reduce la ansiedad y el estrés y nos brinda una sensación de satisfacción y confianza—. Los buenos abrazos bajan el cortisol —la hormona del estrés—, reducen la presión arterial y estabilizan el ritmo cardíaco. Un abrazo de veinte segundos genera producción de endorfinas —las mismas que se producen al hacer actividad física— y de serotonina, también llamada "el químico de la felicidad".

La lista de motivos sigue, pero... ¿necesitas más pruebas?

Anda a darle un buen abrazo a alguien.

"Un día alguien te va
a abrazar tan fuerte
que todas tus partes rotas
se juntarán de nuevo."

ALEJANDRO JODOROWSKY

Tips para
TENER MÁS ÉXITO

¿TE INTERESA SER EXITOSO EN LO QUE TE PROPONES?

La palabra "éxito" despierta polémica. Puede sonar dura, materialista, grandilocuente y hasta lejana. Sin embargo, cuando hablamos de éxito nos estamos refiriendo a algo tan simple como lograr las metas que te propones. El éxito puede ser aprobar un examen, conseguir trabajo, jugar bien un partido, formar una buena pareja, ahorrar suficiente dinero para hacer un viaje, comprarte una casa, escribir un libro o bajar unos kilos.

Para nosotras la definición más clara y directa de éxito es: proponerte algo y lograrlo. Lo que no es tan simple es ir del dicho al hecho. Porque hay una gran diferencia entre estar interesado en algo y estar comprometido con algo. Hay muchas ideas que pueden resultarte interesantes y atractivas... el éxito quizás sea una de ellas. No obstante, hay una diferencia cuántica entre estar "interesado" y estar "comprometido". Que algo te interese es un buen primer paso, pero no es suficiente para lograr tus metas.

Estar comprometido con el éxito implica hacer todo lo que haga falta para lograrlo. Requiere de tu parte esfuerzo, dedicación y toma de decisiones. Quizás tengas que salir de tu zona de confort, dejar de lado todas las excusas que te protegen y dar muchos pasos hasta cumplir el objetivo. Seguramente tengas que enfrentarte a obstáculos, y no todo te salga bien. Quizás debas intentarlo una y mil veces. Pero del otro lado del camino hay una gran recompensa. Porque cuando un camino se recorre con verdadero compromiso, tarde o temprano, los resultados llegan.

¿Alcanza con estar 100% comprometido o falta algún ingrediente? Sí, el ingrediente "estrella". Creer en uno mismo: cuatro palabras que encierran el secreto más importante a la hora de lograr lo que nos proponemos. La confianza en uno mismo es la llave maestra del éxito. Todo lo demás ayuda al proceso. Pero si falta esa cuota de confianza personal —que nosotras llamamos confianza total—, ningún esfuerzo será suficiente.

"La confianza en uno
mismo es el primer
secreto del éxito."

RALPH WALDO EMERSON

¿QUÉ HARÍAS SI SUPIERAS QUE NO VAS A FRACASAR?

Las preguntas poderosas traen respuestas poderosas. Por eso esta pregunta estuvo en la tapa de nuestro primer libro, *Confianza total*: fue la que a nosotras nos abrió todo el juego. Nos puso en contacto con una idea grande, nos alejó los pensamientos de duda, y nos impulsó hacia la concreción de eso que al principio era "sólo un sueño".

¿Y tú? ¿Qué harías si de verdad supieras que no vas a fracasar? ¿Cuál es ese sueño que podría cambiar tu vida? Todo empieza con un gran sueño, decía Walt Disney. Y si le preguntas a todas las personas que han logrado cosas, seguramente te dirían que es verdad, que todo empezó un día en el que dejaron volar la imaginación y no le pusieron límites preguntándose de entrada ¿y cómo lo voy a lograr?, ¿y si fracaso?

El primer paso hacia cualquier meta es tener un sueño y definirlo con el mayor nivel de detalle posible.

Un tip: mientras estás definiendo tu sueño sólo dedícate a responder la pregunta "¿qué quiero lograr?" y deja de lado la pregunta "¿cómo lo voy a hacer?". Esa es para una segunda etapa. Primero define en detalle lo que quieres lograr. Puedes tener diferentes sueños para diferentes áreas de tu vida. Piensa en tu vida personal, relaciones, trabajo, dinero, tiempo libre, salud, servicio...

Eleanor Roosevelt decía que el futuro pertenece a los que creen en sus sueños. ¿Qué sueños definirán tu futuro?

Frente a la pregunta "¿Qué cosas te gustaría tener, ser, hacer?", la mayoría de las personas contestan con lo que no quieren. "No quiero seguir en esta relación tóxica", "no soporto más a mi jefe", "no quiero tener más deudas". Ahí está el primer error. Si quieres experimentar una nueva realidad, tienes que empezar a hablar de lo que sí quieres y dejar de hablar tanto de todo lo que te molesta, te irrita o no te sirve. También puedes usar eso que ya no quieres como contraste para describir en detalle lo que sí quieres para tu vida. ¿Qué cosas te gustaría ser, tener o experimentar en tu vida?

Ponlas por escrito.

¿CUÁLES SON TUS TALENTOS? ¿LOS USAS A DIARIO?

Si eres como la mayoría de las personas, en este momento estás poniendo cara de signo de pregunta. ¿Yo, talentos? Las investigaciones muestran que sólo 2 de cada 10 personas conocen y usan sus talentos en la vida cotidiana. ¡Significa que el 80% de la gente está malgastando sus dones! Y eso es peligroso...

¿Conoces la parábola de los talentos del evangelio de San Lucas?

Un maestro estaba por irse de viaje, llamó a tres de sus hombres y les repartió talentos: al primero le dio cinco talentos, al segundo le dio dos y al tercero le dio uno. Les dijo que hicieran lo máximo que pudieran con ellos. Un tiempo después fue a ver qué habían hecho. El que había recibido cinco talentos le dijo: "Los usé y los multipliqué, ahora tengo diez". El segundo hombre le dijo algo similar: "Tenía dos, los usé bien y ahora tengo cuatro". El tercero le dijo: "Como yo tenía un solo talento y no quería perderlo, cavé un pozo y lo escondí". El maestro entonces felicitó a los primeros dos, y al tercer hombre lo miró con enojo y le quitó ese único talento que poseía.

Uno de los mensajes de la parábola es que si tienes algo de valor y no lo usas al máximo, entonces no mereces tenerlo. Fuimos dotados de talentos para ser usados. Todos tenemos al menos un talento, algo que nos diferencia de los demás, algo que nos hace especiales. Si no lo usamos, no lo multiplicamos ni desarrollamos, lo perdemos. Pero si lo descubrimos, lo honramos y lo usamos, empezaremos a desplegar todo nuestro potencial... y recibiremos cada vez más.

Si piensas que tienes un solo talento, úsalo, no lo escondas. Si tienes más de uno, sal y multiplícalo, gana nuevos talentos. Porque, tal como dice la parábola, el que los usa cada vez encuentra más. Y el que los desaprovecha un día puede llegar a quedarse sin ninguno.

¿Qué son los talentos?
Son esas cosas que te salen bien naturalmente, que te energizan, que fluyen desde ti sin demasiado esfuerzo. Pueden tener que ver con la capacidad de comunicación, de escucha, de disciplina, de organización, de negociación, de hacer números, de liderar... puede ser un talento ligado a lo artístico, lo tecnológico, lo empresarial, lo espiritual, lo deportivo...

Haz una lista de los talentos que tienes y de los que te gustaría desarrollar.

LA SUTIL PERO GRAN DIFERENCIA ENTRE UNA BUENA IDEA Y UN OBJETIVO

Muchas personas creen tener en claro sus objetivos. Bajar de peso, ganar más dinero, tener una casa... todos parecen objetivos, ¿verdad? Sin embargo, no lo son. Son sólo buenas ideas.

No hay nada malo con tener buenas ideas. Pero si realmente quieres lograrlas, es importante que las transformes en objetivos. Porque la fuerza de un objetivo es muy superior a la de una buena idea.

Nuestro cerebro necesita metas claras para poder enfocarse mejor. Para transformar tu buena idea en un objetivo, el primer paso es responder estas tres preguntas:

- ¿Qué quiero?
- ¿Cuánto quiero?
- ¿Para cuándo lo quiero?

Supongamos que deseas hacer un viaje. Hasta ahí, es sólo una buena idea. Para transformarla en un objetivo faltaría responder con precisión qué quieres, cuánto y para cuándo. "Hacer un viaje al norte de Brasil durante quince días, con mi familia, en enero del año que viene". Ese objetivo ya tiene mucha más fuerza. Es concreto y va a ayudar a tu cerebro a enfocarse mejor.

¿Cuáles son algunas de tus buenas ideas que te gustaría transformar en objetivos concretos?

OBJETIVOS DESDIBUJADOS= RESULTADOS DESDIBUJADOS.

OBJETIVOS CONCRETOS= RESULTADOS CONCRETOS.

¿TUS OBJETIVOS SON INTELIGENTES?

Cuando transformas una buena idea en un objetivo, ya estás dando un paso en la dirección correcta. Pero no todos los objetivos producen el mismo tipo de resultados. Cuando transformas tu objetivo en un "objetivo inteligente", aumentas notablemente tus chances de lograrlo.

¿A qué nos referimos con objetivos inteligentes?

Para comprender las diferentes características que tiene un objetivo inteligente, vamos a recurrir al acrónimo en inglés SMART (que significa "inteligente"). Es algo muy usado en el mundo corporativo para lograr metas, pero fácilmente aplicable a la vida personal (¡y da resultado!).

Para que un objetivo sea inteligente necesita ser:

e**S**pecífico
Medible
Alcanzable
Responsable
Tiempo (fecha)

Específico: puedes preguntarte ¿qué quiero?, ¿cuánto quiero?, ¿para cuándo?, ¿dónde?, ¿con quién?

Medible: pregúntate ¿cómo me voy a dar cuenta de que lo logré?

Alcanzable: ¿eso que te estás proponiendo tiene algún criterio de realidad?

Responsable: ¿tu objetivo es bueno para ti y los que te rodean? ¿O en el camino para lograrlo vas a resentir tu salud o tus relaciones personales?

Tiempo: un objetivo sólo es inteligente si tiene una fecha concreta.

LA DIFERENCIA ENTRE
UN SUEÑO Y UNA META
ES UNA FECHA LÍMITE.

¿PONES TUS OBJETIVOS POR ESCRITO?

¿Sí? ¡Felicitaciones!

¿No? Presta atención: ¿sabías que las personas que ponen sus objetivos por escrito aumentan un 100% sus posibilidades de lograrlos? Según la Universidad de Virginia, sólo un 4% de las personas que no escriben sus objetivos los alcanzan, mientras que un 44% de las personas que sí los escriben los logran.

Y si respondiste que sí a la primera pregunta, la segunda pregunta para ti es: además de escribirlos, ¿los relees una vez por semana? Honestidad total en la respuesta. ¿Repasas la lista de tus objetivos una vez por semana?

Las investigaciones han demostrado que las personas que ponen sus objetivos por escrito y los releen una vez por semana aumentan 200% las posibilidades de lograrlos.

Escribirlos y releerlos: una fácil y poderosa estrategia para alcanzar mucho más rápido eso que te propones.

¿Qué estás esperando? Empieza ahora mismo a escribir tus objetivos y recuerda releerlos una vez por semana. Puedes tener un cuaderno de objetivos en tu mesa de luz y dedicar un par de minutos a releerlos justo antes de irte a dormir.

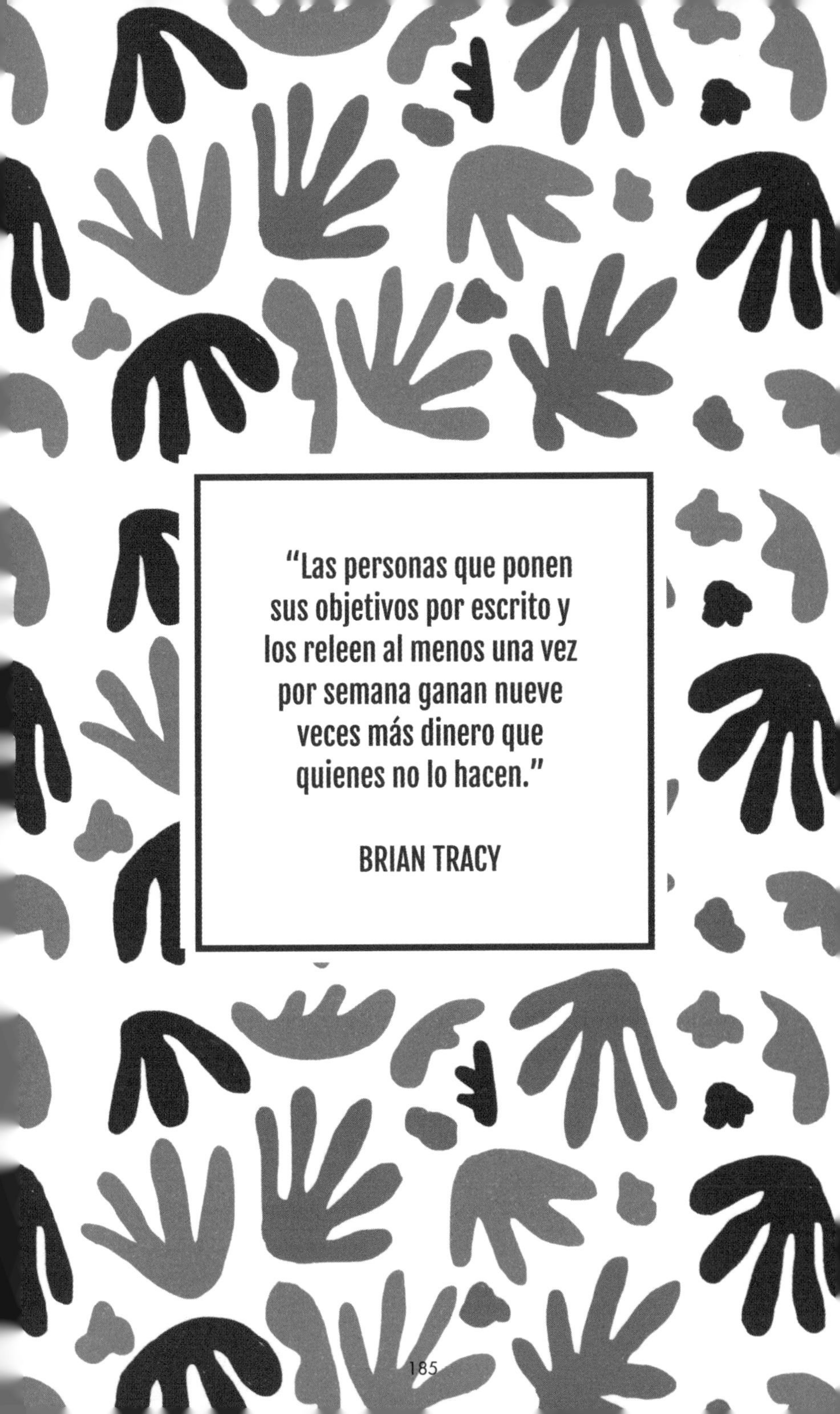

"Las personas que ponen sus objetivos por escrito y los releen al menos una vez por semana ganan nueve veces más dinero que quienes no lo hacen."

BRIAN TRACY

¿TE ABRUMA PENSAR EN ESO QUE QUIERES LOGRAR?

A mucha gente le pasa. En lugar de sentir que sus objetivos los motivan, sienten que los paralizan, los bloquean o les generan dudas. Porque los ven como algo muy lejano, porque en el fondo sienten que son inalcanzables, porque lo han intentado muchas veces sin éxito... o porque el objetivo es tan grande que les pesa.

Soñar en grande está bien. Pero para que ese sueño no se termine transformando en una pesadilla, es importante aprender a fraccionar la gran meta en pequeños pasos, y empezar con el primero.

Siempre recordamos el caso de Antonio. Llegó a uno de nuestros cursos diciendo que hacía tiempo tenía un objetivo, pero que de sólo pensar en él se paralizaba. "Mi objetivo es saldar una deuda muy grande que tengo y no sé cómo hacerlo; ya he intentado de todo".

Entonces le enseñamos una estrategia simple pero poderosa: fraccionar su gran meta en pequeños pasos, y empezar con el primero. Se propuso ahorrar una cierta cantidad de dinero cada mes. Un objetivo de ahorro mensual que para él era cumplible. Se puso en acción. Y mucho antes de lo previsto, saldó la deuda completa. ¿Por qué? Porque dejó de pensar en ese gran objetivo inalcanzable, y empezó a enfocarse en las pequeñas metas. Porque al enfocarse en las pequeñas metas, vio que era posible moverse. Porque al empezar a moverse, a ponerse en acción, empezó a sentir cada vez más motivación. Porque al ver que estaba avanzando, además fue ganando confianza. Porque al ir logrando las pequeñas metas, su crítico interior —que le decía "jamás vas a saldar esta deuda enorme"— se empezó a callar...

¿Cómo puedes fraccionar tu objetivo en pequeñas metas? Hazlo y da el primer paso.

"El secreto para
destacarse es empezar.
El secreto para empezar
es fraccionar las grandes
y abrumadoras metas
en objetivos pequeños y
alcanzables, y empezar
con el primero."

MARK TWAIN

¿VISUALIZAS TUS OBJETIVOS?

Visualizar es imaginar eso que quieres lograr como si ya lo hubieras logrado. Es como "ver" una película en tu mente en la que tú eres el protagonista de una historia de éxito y felicidad, donde puedes visualizar en detalle las escenas, las personas, los lugares, los colores de tus objetivos ya alcanzados.

La visualización es empleada por atletas de elite y por las personas más exitosas del mundo. Sin embargo, pese a ser una de las herramientas más poderosas para lograr objetivos, suele estar muy desaprovechada. La mayoría de la gente no usa la visualización. O no la usa correctamente.

La visualización no es magia. ¿Por qué es tan poderosa? Las investigaciones de las neurociencias tienen la respuesta: porque el cerebro no diferencia entre algo que estamos haciendo (en la vida real) y algo que sólo estamos imaginando en detalle (en nuestra mente). Entonces, al visualizar con determinación una meta como si ya estuviese lograda, se crea un conflicto en tu mente subconsciente, porque percibe que hay una diferencia entre tu imaginación y tu realidad: ¡las dos tienen mucha fuerza, pero son diferentes! ¿Qué hace la mente subconsciente con ese conflicto? Intenta resolverlo transformando tu realidad para que se parezca mucho más a eso que estás imaginando (si es que estás imaginando con la suficiente fuerza).

Algunos tips para hacer visualizaciones poderosas: antes de empezar a visualizar, es buena idea leer tus objetivos por escrito. Recomendamos visualizar todos los días, especialmente justo antes de irte a dormir (alcanza con hacerlo por pocos minutos). Si al tratar de visualizar no "ves" nada en tu mente, no te preocupes; alcanza con que describas las escenas en palabras y recuerda agregarles emoción: ¿qué estás sintiendo ahora que ves tu sueño alcanzado?

La Universidad de Harvard descubrió que los alumnos que, además de estudiar, se visualizaban a sí mismos aprobando los exámenes lograban casi un 100% de éxito... mientras que quienes no visualizaban sólo lograban un 55% de éxito.

¿ALGUNA VEZ SIENTES QUE ESTÁS DANDO PASOS EN FALSO?

Es normal. A todos en algún momento nos invade la sensación de estar dando vueltas en círculos que no conducen a nada.

Pero ¿sabes qué? Todos los pasos que estás dando te llevan hacia algo. Puede ser que te estén acercando a tu objetivo o a algún aprendizaje necesario. Lo importante es que estás en movimiento.

Uno de los frenos más grandes para el crecimiento es la falta de acción. Ella representa una de las causas más comunes por las cuales las personas no logran lo que se proponen. Ponerse en acción es dejar de esperar. Dejar de esperar que llegue el momento ideal, que todas las condiciones estén dadas, que tengas toda la seguridad y los recursos necesarios. Dejar de esperar implica abandonar todas las excusas y explicaciones... y ponerse en acción.

¿Cuántas acciones? Todas las que hagan falta. La palabra *satisfacción* significa “suficiente acción”. Hay metas que requieren muchas más acciones que otras. Y no importa si todas tus acciones son exitosas; por cierto, lo más probable es que haya muchas que no lo sean. Lo verdaderamente importante es que estés dando los pasos necesarios para llegar a tu destino.

Por eso, si alguna vez sientes que estás dando pasos en falso, ten presente que ningún esfuerzo hecho con dedicación es en vano. Y seguramente, cuando en un tiempo mires hacia atrás y recuerdes esta etapa de tu vida, vas a sonríer pensando en lo mucho que lograste casi sin darte cuenta.

PONERSE EN ACCIÓN ES DEJAR
DE ESPERAR...

LA PERFECCIÓN
TENER PERMISO
QUE ALGUIEN CAMBIE
QUE LOS HIJOS CREZCAN
QUE ALGUIEN TE DESCUBRA
QUE CAMBIE EL GOBIERNO
QUE EL DOLOR DESAPAREZCA
QUE LOS DEMÁS NOS APRUEBEN
QUE APAREZCA LA PERSONA IDEAL
TENER MÁS DINERO
TENER MÁS TIEMPO
TENER MÁS SUERTE

¿Y SI EMPIEZAS A VER CADA ERROR COMO UNA SEÑAL DE QUE ESTÁS EN MOVIMIENTO?

Porque la mayoría de tus errores son eso: indicadores de que estás haciendo algo. ¡Señales de que lo estás intentando!

El problema no está en los errores, el problema está en la forma en la que te tratas cuando te equivocas.

¿Y si empezaras a practicar la autocompasión cada vez que te equivocas? ¿Autocompasión? ¿Qué es eso? ¿Tenerse lástima a uno mismo? ¿Transformarse en un mediocre o un conformista? ¡Para nada! La autocompasión es una práctica que consiste en tratarte con cariño, especialmente cuando te equivocas. En lugar de criticarte con dureza, puedes elegir pensar "sí, me equivoqué, lo volveré a intentar".

Ese cambio hará que dejes de tenerles miedo a tus errores. Y cuando alguien les pierde el miedo a los errores, se anima a soñar con cosas más grandes, se anima a tomar riesgos y a crecer. Por eso las personas que no tienen miedo a cometer errores son las más innovadoras, las más emprendedoras y las más creativas.

Se dice que si no te equivocas de vez en cuando, es que no lo estás intentando lo suficiente.

¿Tú cuán seguido te equivocas?

"Los errores son la antesala de los descubrimientos."

JAMES JOYCE

¿TE CUESTA TERMINAR LO QUE EMPIEZAS? ¿TE ENOJAS CONTIGO MISMO POR TU FALTA DE DISCIPLINA?

Y entonces te dices cosas como "soy inconstante", "no tengo voluntad", "soy un desastre"... Y así refuerzas el círculo vicioso: no terminas lo que empezaste, te dices que eres un desastre y que no puedes cambiar, y lejos de cambiar sigues haciendo lo mismo: dejas la mitad de tus tareas inconclusas.

¿Cómo cortar con ese círculo? Ante todo, tomando conciencia de que este hábito es más tóxico de lo que piensas. Dejar muchas tareas inconclusas, más allá de generarte caos logístico, reduce tu autoestima. Porque te das una y otra vez el mensaje de "yo nunca termino lo que empiezo". Por eso es importante que pongas en marcha un plan.

El primer paso es cambiar tu diálogo interior. Al decir cosas como "yo soy así, me cuesta mucho terminar lo que empiezo" estás reforzando una imagen mental tuya muy negativa. Esa manera de hablarte a ti mismo no va a ayudarte ni un poco a ser más constante o disciplinado. Por el contrario, lo único que hace es perpetuar el problema porque tu mente subconsciente comienza a creerse eso que te dices. Y lo transforma en realidad. Entonces empiezas de nuevo a comer comida chatarra, dejas de ir al gimnasio o postergas ese examen que querías hacer. Y entras en el círculo vicioso del "quiero pero no puedo" seguido de "soy un desastre", "no puedo perseverar", y así vas afianzando esa imagen de ti mismo... ¡empobrecida!

Cortá con ese diálogo y reemplázalo por "estoy cambiando esta conducta" o "estoy aprendiendo a terminar lo que empiezo".

Luego, fija pocas metas y con expectativas realizables. No te propongas mil cosas al mismo tiempo. Empieza de a poco.

La regla de los dos minutos

¿Quieres empezar a leer todas las noches?
Proponte leer una página.
¿Quieres empezar a correr todos los días?
Proponte trotar una cuadra.
¿Quieres estudiar para ese examen?
Proponte abrir los apuntes.

"Para afianzar nuevos hábitos, empieza por proponerte acciones que te tomen dos minutos o menos. La idea es afianzar el hábito de empezar y terminar algo."

DAVID ALLEN

EL GRAN DESAFÍO MODERNO

Hay un valor que las generaciones pasadas tenían como norte a la hora de alcanzar cualquier meta: la perseverancia. Una actitud de vida y de trabajo que hoy, con la inmediatez de todo lo que nos rodea, nos cuesta mucho cultivar.

Nos cuesta esperar que se termine de calentar un plato de comida en el microondas, nos crispa los nervios que el celular demore más de diez segundos en conectarse a la red de wifi, nos pone nerviosos aguardar más de treinta segundos a que nos atienda el representante del banco del otro lado del teléfono, nos genera ansiedad que lean nuestros mensajes de WhatsApp y no nos respondan... ¿Cómo no nos va a costar perseverar hasta lograr nuestro objetivo? En la era de lo instantáneo, cualquier cosa que demora un poco nos agota.

Sin embargo, hay procesos que requieren su tiempo. Y no existe tecnología que los acelere. Cultivar la perseverancia hoy es un desafío muy grande, y una necesidad innegable.

Y sabemos que perseverar no es fácil. Que seguir intentándolo después de haber fracasado es como remar en un mar de dulce de leche. Probaste una vez y te fue mal. Probaste otra vez y te volvió a salir mal. ¿Y la tercera? Ya no tenías más ganas. Pero por algo se dice que la tercera es la vencida. Aunque no tengas ganas, dale, prueba una vez más, con más fuerza, con otra estrategia, de otra manera.

¡Dale para adelante!

¿Vas a abandonar porque algo salió mal? Eso sería como desinflar tus otros tres neumáticos porque pinchaste una goma.

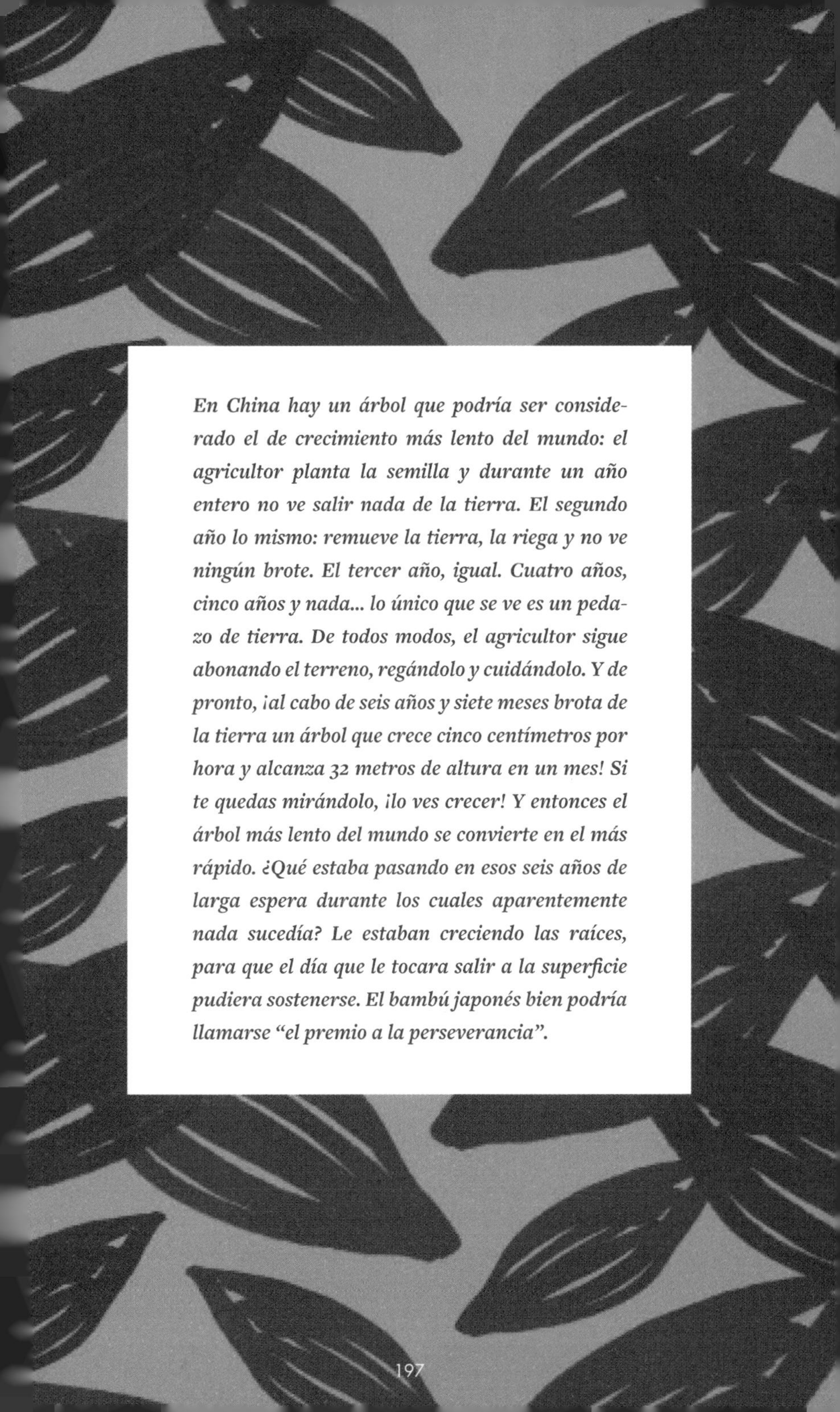

En China hay un árbol que podría ser considerado el de crecimiento más lento del mundo: el agricultor planta la semilla y durante un año entero no ve salir nada de la tierra. El segundo año lo mismo: remueve la tierra, la riega y no ve ningún brote. El tercer año, igual. Cuatro años, cinco años y nada... lo único que se ve es un pedazo de tierra. De todos modos, el agricultor sigue abonando el terreno, regándolo y cuidándolo. Y de pronto, ¡al cabo de seis años y siete meses brota de la tierra un árbol que crece cinco centímetros por hora y alcanza 32 metros de altura en un mes! Si te quedas mirándolo, ¡lo ves crecer! Y entonces el árbol más lento del mundo se convierte en el más rápido. ¿Qué estaba pasando en esos seis años de larga espera durante los cuales aparentemente nada sucedía? Le estaban creciendo las raíces, para que el día que le tocara salir a la superficie pudiera sostenerse. El bambú japonés bien podría llamarse "el premio a la perseverancia".

¿ALGUNA VEZ ESCUCHASTE LA FRASE "PREFIERO NO ILUSIONARME PARA DESPUÉS NO DECEPCIONARME"?

Y además de escucharla, ¿alguna vez la dijiste o pensaste?

Seguramente consideras que es una buena forma de no caer en la decepción posterior por un proyecto que no se concretó. Pero ¡cuidado, es una trampa! Porque en realidad ese intento de "autoprotegerse" de la decepción es uno de los motivos por los cuales muchas personas no logran sus sueños.

La explicación es esta: cualquier proyecto, sueño o meta requiere energía. Así como un auto necesita nafta para andar, los proyectos requieren energía. Puedes tener el mejor auto del mundo, pero sin nafta no arranca. Con los sueños y proyectos pasa lo mismo. Puedes tener la idea más genial del planeta, pero sin energía no camina.

¿Y de dónde proviene esa energía? De las emociones positivas, concretamente del entusiasmo. Nunca se ha logrado nada grande sin entusiasmo.

Por eso es tan importante que, al soñar con un nuevo proyecto, lo llenes de entusiasmo, lo empapes de ilusión, lo envuelvas en pensamientos positivos.

Porque si no, al igual que un auto sin nafta, no arranca.

O a poco de andar, se funde.

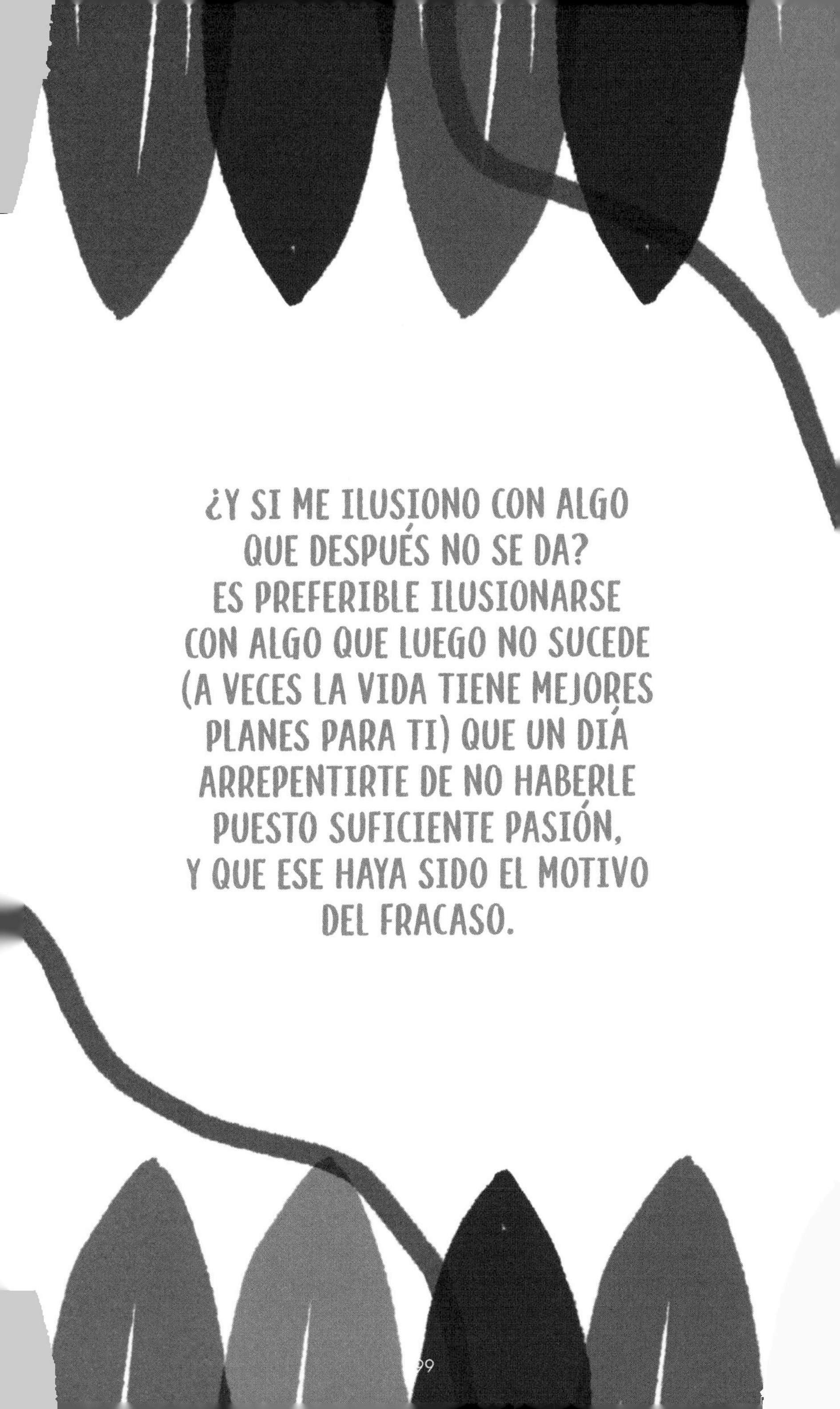

¿Y SI ME ILUSIONO CON ALGO
QUE DESPUÉS NO SE DA?
ES PREFERIBLE ILUSIONARSE
CON ALGO QUE LUEGO NO SUCEDE
(A VECES LA VIDA TIENE MEJORES
PLANES PARA TI) QUE UN DÍA
ARREPENTIRTE DE NO HABERLE
PUESTO SUFICIENTE PASIÓN,
Y QUE ESE HAYA SIDO EL MOTIVO
DEL FRACASO.

CUANTO MÁS ÉXITO QUIERAS TENER, MÁS OBSTÁCULOS VAS A TENER QUE ENFRENTAR

Los obstáculos pueden tomar las formas más diversas: intentos fallidos, fracasos, falta de apoyo, una traición, una pérdida económica, el final de una relación, un cambio de reglas repentino... Los obstáculos parecen ser esas cosas malas que no queremos que nos sucedan. Pero suceden. Y en el camino al éxito, inexorablemente los vamos a tener que enfrentar. Por cierto, cuanto más desafiante sea tu meta, más obstáculos habrá.

La clave es: ¿con qué actitud los enfrentas?

Podemos mirar a los obstáculos como los grandes impedimentos que no nos dejan avanzar o como los grandes descubrimientos de lo que podemos llegar a crear. ¿Sabías que Thomas Edison tuvo que superar más de tres mil pruebas hasta que logró descubrir cómo funcionaba la lamparita eléctrica? ¿Su secreto? Ser perseverante y optimista. Nunca consideró esos obstáculos como fracasos, sino como pasos necesarios para alcanzar su meta.

¿Qué pasaría si hoy hicieras una lista de todos los obstáculos que tienes que enfrentar, y a cada uno de ellos los vieras como una oportunidad de crecimiento y un paso necesario para alcanzar una meta valiosa? ¿Alguien te traicionó y piensas que no lo vas a superar? Ese obstáculo es tu oportunidad para aprender a perdonar, de verdad. ¿Un proyecto se complicó y te parece que es el fin del mundo? Ese obstáculo es tu oportunidad para encontrar otra salida, inventar algo más creativo.

Los obstáculos no surgen en tu vida para detenerte, aunque momentáneamente lo hagan. Aparecen para volverte más fuerte, más resiliente, más creativo. Tu éxito no será medido por todo lo que logres, sino por todas las veces que seas capaz de volverte a levantar fortalecido. Porque cuando lo hagas, no serás la misma persona. Serás mejor.

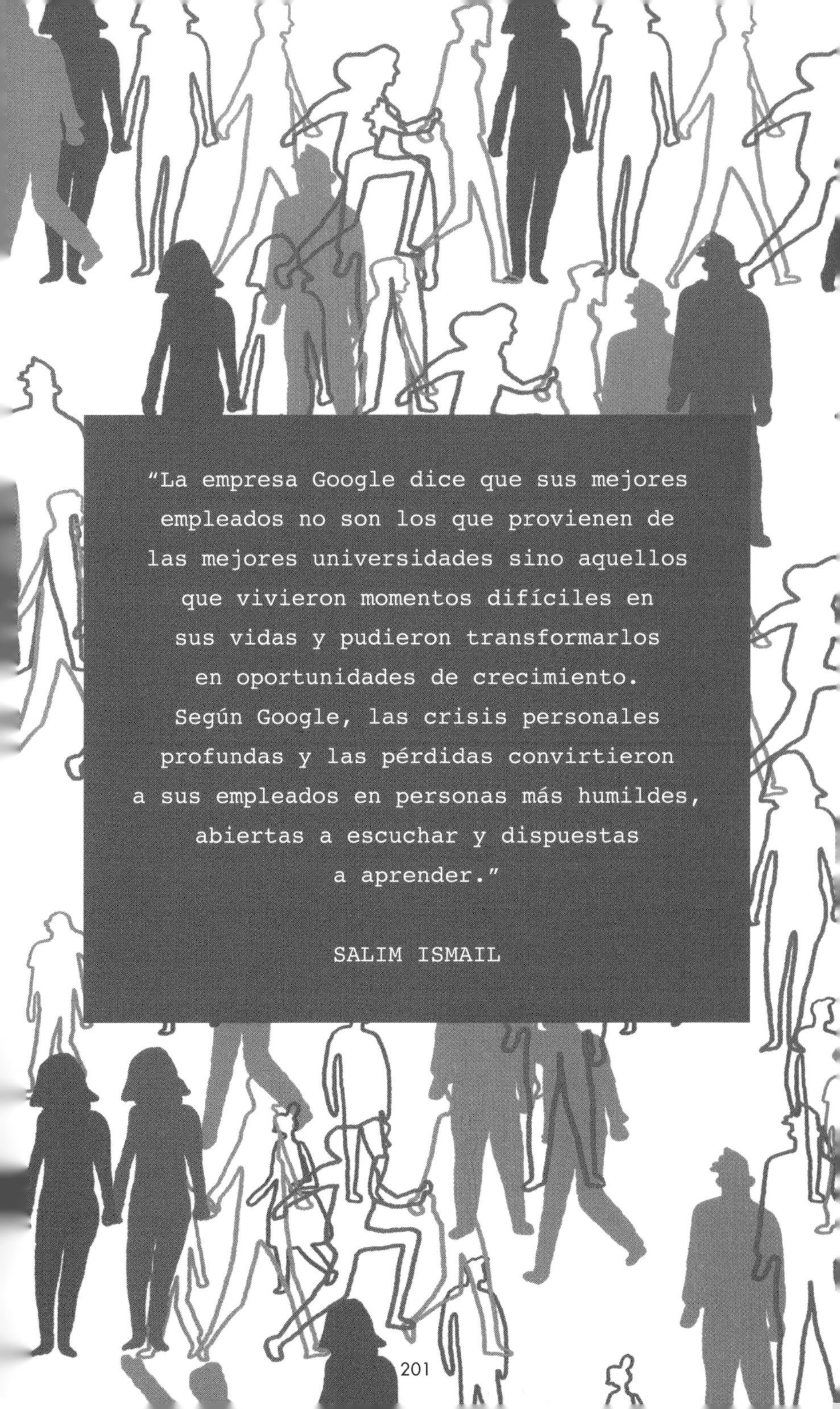

“La empresa Google dice que sus mejores empleados no son los que provienen de las mejores universidades sino aquellos que vivieron momentos difíciles en sus vidas y pudieron transformarlos en oportunidades de crecimiento. Según Google, las crisis personales profundas y las pérdidas convirtieron a sus empleados en personas más humildes, abiertas a escuchar y dispuestas a aprender.”

SALIM ISMAIL

¿QUÉ HACER CUANDO HICISTE TODO LO POSIBLE Y AUN ASÍ LAS COSAS NO SALIERON COMO ESPERABAS?

Hiciste todo lo que dependía de ti: definiste lo que querías con claridad, elaboraste un plan, llevaste adelante muchas acciones, superaste unos cuantos obstáculos, y pese a todo los resultados no son los esperados. ¿Te pasó? Le pusiste toda la garra a un proyecto de trabajo o a una relación, y al final nada resultó como lo imaginabas.

Puede pasar. A nosotras también nos ha pasado. Y terminas frustrado. Lo primero que puedes hacer es preguntarte si realmente diste todo lo que tenía para dar. Pregúntate si lo que te cansó no fue tanto el tiempo o el esfuerzo que pusiste sino que lo que te agotó fue la ansiedad, la preocupación o las dudas. Si el proyecto vale la pena, y todavía hay algo para hacer que dependa de ti, hazlo. Métele un poco más de pasión a eso que quieres lograr. Prueba con otra estrategia, pide ayuda si es necesario, búscale la vuelta. Sin excusas ni explicaciones. Dale para adelante.

Pero si al analizar todo lo que hiciste te das cuenta de que realmente no hay nada más para hacer, entonces es momento de pensar diferente. Tal vez haya que cambiar de rumbo y decir "hasta acá llegué". Y es hora de decir basta. De verdad, ¡basta! Decir basta no siempre es fácil, pero es necesario. Te va a permitir usar esa energía en algo más útil para ti. Te va a liberar un espacio interior que está ocupado en algo que no va más. Y te va a sacar una mochila pesada de los hombros. Cuando ya lo intentaste todo de mil maneras diferentes y ves que no va, recuerda que no vas a poder cambiar el curso del río. Por más que lo intentes.

Cuando a nosotras nos pasa, elegimos pensar que quizás Dios tiene mejores planes para nosotras. Y que quizás llegó la hora de abrirnos a un nuevo comienzo...

¿Tú qué eliges pensar?

HOY ES UN DÍA NUEVO.

TE DIERON UNA HOJA EN BLANCO.

NADA SE HA ESCRITO AÚN.

ES TU MANO LA QUE VA A ESCRIBIR ESTA PÁGINA.

ES TU HISTORIA.

ES UN NUEVO COMIENZO.

¿QUÉ TE GUSTARÍA LEER AHÍ DENTRO DE UNOS AÑOS?

TOMAR DECISIONES INCÓMODAS...

En el camino para lograr una meta valiosa, seguramente atravesarás momentos donde te toque tomar decisiones difíciles. Decisiones que te sacan de tu zona de comodidad, aunque ya sea incómoda hace rato. Pero te frena el miedo a equivocarte, a defraudar a otros o simplemente el miedo a lo desconocido. Más vale malo conocido que bueno por conocer, dice el refrán... pero en la vida no siempre es así.

¿Cómo saber si alejarte de ese lugar o terminar con esa relación es una buena decisión? La clave radica en estar muy atento a los signos que van apareciendo en tu vida, a los que llamamos "las luces amarillas". ¡No las ignores! Son esas señales de alerta que muchas veces llegan para indicarte que aquel ya no es el camino. A veces son señales sutiles, y a veces son muy evidentes. Muchas veces preferimos mirar para el costado y seguir adelante como si nada pasara. ¡Pero pasa! Inevitablemente pasa y después te preguntas ¿por qué no me di cuenta antes? No es que no te hayas dado cuenta, es que hiciste oídos sordos...

Antes de tomar una decisión piensa cuáles son los signos que están apareciendo en cualquier área de tu vida que quieras mejorar. ¿Cómo te sientes la mayor parte del tiempo con esa persona o con ese trabajo? ¿Hay mayoría de luces verdes? Entonces adelante, no lo dudes. Aunque tengas que ponerle todo el empeño del mundo. ¿Son amarillas? Presta atención porque lo próximo que va a aparecer son las luces rojas. Y quizás tengas que clavar el freno de golpe y arriesgarte al choque. Mejor estar atento a las luces amarillas... que al igual que los semáforos indican "atención".

Recuerda: no eres producto de tus circunstancias, eres producto de tus decisiones. Y aunque hacer algunos cambios puede costar, a largo plazo es mucho más agotador o doloroso seguir remando contra la corriente por miedo a tomar una decisión.

¿Quieres saber cómo tomar una decisión acertada?
Usa tu cabeza y tu corazón al unísono.
Pregúntate no sólo qué piensas sino qué sientes.
Consulta a la razón y también a la intuición.
Trabaja con ambos hasta que se pongan de acuerdo.
Esta es la base de la inteligencia emocional.
Y de las decisiones inteligentes.
¡De las buenas decisiones depende tu vida!

¿CUÁLES SON TUS CREENCIAS CON RESPECTO AL DINERO?

Muchos de nuestros objetivos involucran dinero. Dinero para llevar adelante el proyecto o como resultante de nuestra actividad. Es curioso porque solemos tener una relación un tanto dicotómica con el dinero: queremos ganarlo, pero internamente tenemos una imagen negativa asociada con él.

Analiza algunas de las cosas que dices con respecto al éxito y al dinero. Piensa en las cosas que escuchaste de chico o en las que les dices a los demás. A ver si alguna de estas te suena: ¡Que el dinero no crece en los árboles! ¡Que no tengo suerte! ¡Que en este país todo es imposible! ¡Que nunca alcanza! ¡Que a mitad de mes ya no tengo nada! ¡Que la única forma de ganarlo es sacrificando tiempo valioso con mis seres queridos! ¡Que si hay, cuidado, porque en cualquier momento se termina! ¡Que hablar de dinero siempre es incómodo! Más allá de si lo que estás diciendo es verdad o no, lo importante es que eso que dices o piensas sobre el dinero se transforma en una creencia limitante. Y las creencias limitantes pueden ser más fuertes que cualquier realidad a la que te enfrentes. Lo que decimos y pensamos moldea nuestra realidad.

¿De dónde sacamos estas ideas? Con frecuencia, de una programación que tenemos desde que somos chicos. De cosas que nos dijeron de manera reiterada —a veces hasta con buenas intenciones— personas significativas en nuestra vida, padres, educadores, abuelos, o de la cultura en la que crecimos. Y se quedaron fijadas en nuestro subconsciente.

Si quieres tener éxito en tus proyectos, revisa a conciencia tus creencias más profundas con respecto al dinero. Si una parte tuya lo asocia con algo negativo, te va a resultar muy difícil tener éxito económico con tus emprendimientos. Identificar la creencia y darte cuenta de cómo te limita es el primer paso. ¿Y el segundo? Reemplazarla por una creencia que te abra caminos. Puedes elegir pensar: "El dinero abre posibilidades para mí y para mis seres queridos".

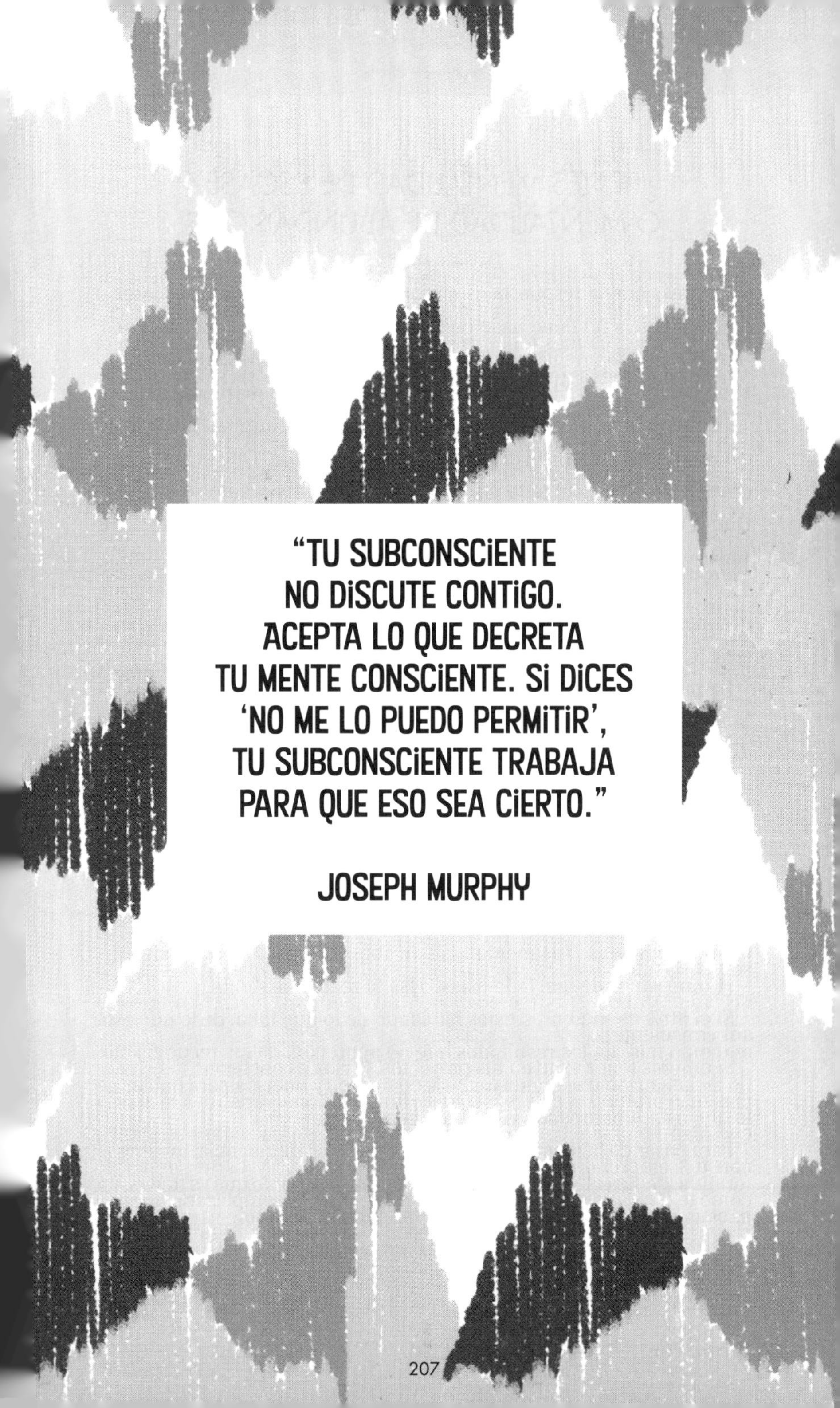

"TU SUBCONSCIENTE
NO DISCUTE CONTIGO.
ACEPTA LO QUE DECRETA
TU MENTE CONSCIENTE. SI DICES
'NO ME LO PUEDO PERMITIR',
TU SUBCONSCIENTE TRABAJA
PARA QUE ESO SEA CIERTO."

JOSEPH MURPHY

¿TIENES MENTALIDAD DE ESCASEZ O MENTALIDAD DE ABUNDANCIA?

No creas que la respuesta es tan rápida. La mentalidad de escasez o de abundancia no tiene nada que ver con tu estado económico actual, ni con cuán bien o mal están tus negocios. La mentalidad de escasez o abundancia va más allá de tu realidad... pero tarde o temprano la moldea.

La mentalidad de escasez te hace pensar que aun si las cosas te están saliendo bien, quizás no duren para siempre. Que si hoy tienes dinero, anda con cuidado porque en cualquier momento se termina. Que si a tu competencia le está yendo bien, significa que a ti te va a ir cada vez peor. La creencia más profunda es que este mundo es limitado y los recursos también. La mentalidad de escasez genera miedo, te desenergiza y te impide ver posibilidades. La mentalidad de escasez atrae escasez.

La mentalidad de abundancia te hace pensar que si las cosas van bien, hay que celebrarlo. Que si van mal, en cualquier momento van a cambiar. Que si tienes dinero, puedes ser generoso con él, sin miedo a que se termine de un día para el otro. Si a los demás les va bien, te alegras genuinamente y lo ves como una muestra de que siempre es posible tener éxito. La creencia más profunda es que este mundo tiene posibilidades infinitas y que siempre habrá suficiente. La mentalidad de la abundancia genera confianza, te llena de energía y te hace ver posibilidades. Y la mentalidad de abundancia atrae abundancia.

¿Cómo saber de qué lado estás? Usa la regla del 80/20.

Si el 80% de tu tiempo estás hablando de lo que falta, de lo que está andando mal, de los resultados que no aparecen, de los recursos que no alcanzan, sólo te queda un 20% de tiempo y energía para hablar de lo que está funcionando y lo que quieres lograr.

Para pasar de la mentalidad de escasez a la de abundancia, invierte la fórmula: dedica el 80% de tu tiempo a agradecer por lo que ya tienes, y a hablar de lo que ya funciona y de lo que sueñas a futuro... y reserva sólo un 20% de tiempo para hablar de los problemas y de lo que no anda.

"Las personas con una mentalidad de escasez
tienden a ver todo en términos de ganar-perder.
Sólo hay tanto; y si alguien lo tiene, eso significa
que habrá menos para mí. Cuanto más centremos
nuestros pensamientos en lo que sí hay,
más desarrollamos una mentalidad de abundancia,
más nos sentimos genuinamente felices por los
éxitos, el bienestar, los logros, el reconocimiento y la
buena fortuna de los demás. Creemos que su éxito
suma más que resta valor a nuestras vidas."

Stephen R. Covey

DINERO FELIZ: EL ARTE JAPONÉS DE GENERAR ABUNDANCIA

Nuestro amigo Ken Honda es uno de los autores más reconocidos de Asia. Además, es uno de los hombres más prósperos de Japón. Cuando explica cómo hizo su fortuna, siempre habla del concepto de "dinero feliz". ¿De qué se trata?

Según los japoneses, el dinero es mucho más que un número en un papel: el dinero es energía. Ellos piensan que cada uno de nosotros le imprime una energía particular al dinero, casi sin darnos cuenta. Si la energía que le ponemos es positiva, el dinero fluye con mucha más facilidad. Si es negativa, esa energía se estanca. ¿A qué nos referimos concretamente con la energía que rodea el concepto de dinero? A los pensamientos y las emociones que te surgen cada vez que hablas de dinero, cada vez que pagas algo, cada vez que tienes que cobrar algo. Si llega el resumen de la tarjeta de crédito y aprietas los dientes, si te compras algo y a la hora de pagar sientes culpa, si te piden que pases un presupuesto por un trabajo que quieres hacer y te abruma el solo hecho de hablar de dinero, estás teniendo "dinero infeliz".

El arte japonés de tener una relación pacífica con el dinero se sintetiza en el concepto "dinero feliz": transformar la energía del dinero para que produzca emociones positivas, y para que esa energía positiva crezca. La base de este arte consiste en una práctica muy simple para cambiar los sentimientos de ansiedad y miedo que el dinero suele generar.

El concepto "dinero feliz" no tiene tanto que ver con cuánto tengas en tu cuenta del banco o con cuánto ganes, sino con la energía con que das y recibes el dinero.

Si quieres estar en el flujo de dinero feliz, para generar más abundancia puedes hacer lo que aconsejan los japoneses, que es algo muy práctico: cada vez que recibas dinero, di "gracias" internamente. Y cada vez que gastes dinero o pagues cuentas, piensa algo positivo. Puedes pensar simplemente "dinero feliz". Ken Honda, creador de esta corriente en Japón, dice que cuando entrega su dinero murmura en su mente: "Que este dinero pueda ser de bendición para ti y para tus seres queridos".

"SÉ AGRADECIDO
POR LO QUE TIENES,
Y TERMINARÁS TENIENDO
MÁS. SI TE CONCENTRAS
EN LO QUE NO TIENES,
INDEPENDIENTEMENTE
DE LO QUE LOGRES, NUNCA
SERÁ SUFICIENTE."

OPRAH WINFREY

¿CELEBRAS TUS LOGROS?

Una vez estábamos dando un curso intensivo y uno de los participantes dijo: "Yo suelo lograr todo lo que me propongo... pero sinceramente no me siento feliz. ¿Qué puedo hacer?". Le preguntamos qué hacía cada vez que alcanzaba un logro. Nos miró un poco confundido y contestó: "¿Qué hago? ¡Pienso en mi próxima meta!".

En su respuesta entendimos el porqué de su infelicidad y su estado de cansancio permanente. Estaba cayendo en lo que nosotras llamamos el síndrome del burro de carga. Para revertirlo, le dijimos que durante un mes se dedicara a celebrar algo todos los días. "¡¿Todos los días?!", nos dijo con cara de espanto. "¿Ustedes no entendieron que yo estoy ocupadísimo?" Le explicamos que celebrar no siempre implica dedicar mucho tiempo, que buscara maneras simples de hacerlo. Una celebración puede ser reunirte con tu equipo al final de la semana para hablar de todo lo que salió bien, tomarte una copa de vino con tu mujer para conversar de las cosas buenas del día... y a veces es sólo detenerse unos segundos después de que pasó algo bueno y festejarlo como quien acaba de meter un gol. Lo hizo. Al cabo de un tiempo nos contactó para contarnos: "Al principio me costó, pero les hice caso y de a poco se fue volviendo cada vez más natural esto de celebrar los logros... y hoy es parte de mi vida. ¿Saben una cosa? ¡Hoy no sólo alcanzo mis logros sino que los disfruto! ¡Me cambió totalmente el estado de ánimo!".

La celebración es una de las acciones que más rápidamente llenan de motivación y energía a las personas y a los equipos. Es el combustible que nos permite seguir andando aun cuando estamos cansados. Genera pertenencia, estimula el crecimiento y hace que nos sintamos bien. Por eso, cada vez que una persona nos dice "estoy desmotivado" o un equipo nos pregunta "¿qué podemos hacer para aumentar la motivación?", les respondemos con otra pregunta: "¿cuán seguido celebran sus logros?".

Y tú, ¿qué puedes celebrar hoy?

El síndrome del burro de carga

Suele ocurrirles a las personas más responsables: se cargan sobre los hombros muchas obligaciones —concernientes a sus hijos, padres, trabajo, casa— y, como resisten la carga, cada vez la aumentan más. Se ocupan de todo el mundo menos de sí mismos. Hasta que un día se les doblan las piernas y sienten que no pueden más. ¿Alguna vez te sentiste así? La mejor manera de revertir el síndrome del burro de carga es haciéndote tiempo para celebrar los pequeños y grandes logros.

HACER EL BIEN HACE BIEN

¿De a ratos te cansas de hacer las cosas bien y de que los resultados no te acompañen? Te entendemos. Hay momentos donde uno realmente quisiera patear el tablero y empezar a hacer las cosas "a medias". Esos días en que uno tiene ganas de poner a todo volumen el tango "Cambalache" y gritar a los cuatro vientos "hoy resulta que es lo mismo ser derecho que traidor, ignorante, sabio, chorro, generoso, estafador. Dale que va, todo es igual, nada es mejor, lo mismo un burro que un gran profesor...".

Si te sirve como descarga momentánea, todo bien. Lo cantamos juntos. Pero en esos días en los que realmente estés cansado de hacer las cosas bien, no te dejes engañar por tus pensamientos negativos. Si tu cabeza te dice "ya está, aflojá, no te esfuerces porque todo da igual", no le hagas caso. Eso nunca te va a llevar al éxito.

Los seres humanos fuimos creados con un corazón noble, que siempre busca el bien. Con sed de hacer las cosas bien. Y cuando no lo hacemos, sufre. Quizás el corazón no habla con tanta claridad como la cabeza, pero siente. Y un corazón que está en paz, se traduce en una vida en armonía. En vivir una vida con sentido.

Así que dale, sacudite la frustración. Despeja de tu cabeza esos pensamientos que no te sirven. Nunca te canses de hacer las cosas bien, y más importante aún, nunca te canses de hacer el bien. ¡Es la base de la felicidad y la prosperidad!

Hacer el bien hace bien.

Observé que todo cuanto ocurre bajo el sol tiene
su tiempo y oportunidad.
Un tiempo para nacer y un tiempo para morir.
Un tiempo para plantar y un tiempo para
cosechar.
Un tiempo para llorar y un tiempo para reír.
Un tiempo para callar y un tiempo para hablar.
Un tiempo para construir y un tiempo para amar.
Comprendí que aquello que el hombre cultive es
lo que recogerá.
Y entendí que no nos debemos cansar de hacer
el bien, y que si no nos desanimamos, a su debido
tiempo cosecharemos.

La Biblia

RENUÉVATE CON CONFIANZA TOTAL

"Renovarte" es una experiencia de plenitud y de conexión con tu verdadera esencia, con quien verdaderamente eres.

Es ponerte en contacto con tu verdadero poder. El poder interno que surge de alinear tus pensamientos, tus emociones y tus deseos.

Es sentirte vivo a un nivel profundo.

Es tener un nivel de entusiasmo tan alto que te haga saltar de la cama a la mañana para empezar el día.

Es enfrentar los desafíos sabiendo que eres mucho más que los resultados que obtienes. Y que lo que tú vales no cambia si ganas o si pierdes.

Es una experiencia de poder. Es el orgullo de saber que estás dando lo mejor que tienes. Y que dar el 100% de lo que tienes siempre depende de ti.

Es la experiencia de recordar quién eres, y de descubrir todo lo que eres capaz de hacer. Es esa voz interior que te dice "no voy a conformarme con ser menos de lo que puedo ser". Porque si todavía estás vivo, estás acá para seguir creciendo, mejorando y descubriendo tu potencial.

Es empezar a vivir de otra manera. Es vivir agradecido por lo que tienes y confiado en que lo mejor está por llegar. Es descubrir todo lo que puedes lograr. Y saber que el secreto del éxito y la felicidad no está tanto en lo que lográs sino en lo que das.

Hay una fuerza interior poderosa en todos los seres humanos, que puede transformar cualquier sueño en realidad.

Una fuerza interior que una vez que se enciende nunca más se apaga.

Una fuerza interior que nosotras llamamos Confianza Total.

Y con Confianza Total, todo es posible.

Despierta.

AGRADECIMIENTOS

Este es nuestro cuarto libro, ya debería resultarnos fácil escribir los agradecimientos. Sin embargo, cada vez que llega el momento de hacerlo, no nos resulta tan simple. Son tantas personas, vivencias y experiencias las que nos trajeron hasta acá...

Empezando por ellos dos: Héctor y Lucas.

Héctor: si la paciencia pudiera medirse, tendrías un récord Guinness. Gracias por ocuparte desde siempre de los mil detalles invisibles para que todo esto sea posible.

Lucas: tienes la rara cualidad de ver lo que otros no ven, mucho tiempo antes que el resto. Gracias por invitarnos a pensar "afuera de la caja" y por acompañarnos tan de cerca.

Dante y Olivia: nos vieron escribir este libro de principio a fin. A veces sentados calladitos al lado nuestro haciendo dibujos. Y otras tantas exigiendo que dejáramos la escritura para otro momento y nos fuéramos a la plaza.

Sol y Agustín: en su rol de hijos de una autora y hermanos de la otra, gracias por el aguante constante, por alegrarse tanto con nuestros éxitos y por ser los primeros en afilar garras para defendernos.

Al resto de nuestras familias: primos, cuñados, tíos, abuelos, nietos, familia extendida... Dicen que una buena familia es el máximo tesoro que puede tenerse. ¡Qué afortunadas somos de tenerlos a ustedes!

A nuestro equipo de Confianza Total: ¡somos pocos y hacemos mucho! Gracias por ponerse la camiseta y dar lo mejor de cada uno para hacer que Confianza Total sea sinónimo de excelencia. Especialmente a Sabrina Chao, nuestra mano derecha hace tantos años.

A los lectores de nuestros libros: a muchos los conocemos por nombre y apellido. Y no justamente porque tengamos pocos lectores (¡son más de 300.000!), pero hay relaciones personales con algunos de ustedes a través de las redes sociales que traspasan la pantalla. A los que nos escriben, a los que recomiendan nuestros libros, a los que ponen en práctica lo que enseñamos... ¡Gracias!

A los participantes de nuestros cursos: si alguna vez al leer algún libro nuestro pensaste "¿estarán hablando de mí?", la respuesta es ¡sí! Gracias por confiar en nosotras, por compartirnos sus preguntas, dudas, miedos... gracias por enseñarnos tanto. Cada vez que damos un curso terminamos con muchas ideas nuevas que solemos volcar en futuros libros.

A los equipos —empresas y deportistas— que nos contratan cada año: son muchos, imposible nombrar a todos. Gracias por confiar en nosotras. Un especial reconocimiento a aquellos conformados exclusivamente por hombres, que se animan a llamar a estas dos mujeres para que les den una mano.

A nuestros colegas de TLC (Transformational Leadership Council): gracias por habernos honrado al invitarnos a ser parte de este círculo de grandes líderes mundiales. Cada encuentro con ustedes es una inyección de sabiduría y energía.

A nuestros editores en Penguin Random House: gracias por abrirnos las puertas de su casa con tanta amabilidad y profesionalismo. Da gusto trabajar con personas como ustedes.

A nuestros amigos: los de toda la vida y los que vamos ganando... Francis Bacon decía que sin la amistad el mundo es un desierto. Gracias por ser nuestro oasis.

Finalmente, gracias a **Dios** por habernos dado la posibilidad de llegar a tantas personas a través de nuestros libros. Nos sentimos bendecidas de tener un trabajo así. Un trabajo que no todos los días es fácil, pero que siempre vale la pena.

Flor y Vero

LLEVA TU VIDA AL PRÓXIMO NIVEL

NOS ENCANTA LEER LOS COMENTARIOS
DE NUESTROS LECTORES

Escríbenos a:

www.facebook.com/confianzatotal

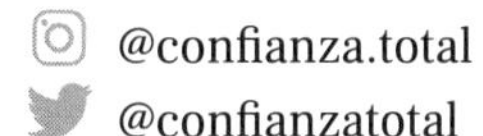
@confianza.total

@confianzatotal

WEB www.confianza-total.com

Renuévate de Verónica de Andrés, Florencia Andrés
se terminó de imprimir en marzo de 2020
en los talleres de
Impresora Tauro, S.A. de C.V.
Av. Año de Juárez 343, col. Granjas San Antonio,
Ciudad de México